捧读

触及身心的阅读

教孩子时间管理

方黎明　著

陕西新华出版传媒集团
三　秦　出　版　社

图书在版编目（CIP）数据

教孩子时间管理 / 方黎明 著 . -- 西安 : 三秦出版社 , 2021.12

ISBN 978-7-5518-2502-3

Ⅰ . ①教… Ⅱ . ①方… Ⅲ . ①时间 - 管理 - 儿童读物 Ⅳ . ① C935-49

中国版本图书馆 CIP 数据核字 (2021) 第 235247 号

教孩子时间管理

方黎明　著

出版发行　陕西新华出版传媒集团　三秦出版社
社　　址　西安市雁塔区曲江新区登高路 1388 号
电　　话　(029) 81205236
邮政编码　710061
印　　刷　天津创先河普业印刷有限公司
开　　本　880mm × 1230mm　1/32
印　　张　7.5
字　　数　160 千字
版　　次　2021 年 12 月第 1 版
　　　　　2021 年 12 月第 1 次印刷
标准书号　ISBN 978-7-5518-2502-3
定　　价　49.80 元

网　　址　http://www.sqcbs.cn

目 录

前言　　掌握了时间，也就掌握了人生　　001

第一章　帮孩子建立时间观念　　005

为什么要教孩子时间管理　　006

从生活入手教孩子认识时间　　009

让孩子意识到时间的流逝　　012

教孩子记录“时间开销”　　015

父母是最好的榜样　　018

第二章　各年龄段的时间管理训练目标　　023

3 岁以下：告诉孩子“时间是什么”　　024

3 ~ 6 岁：明白什么时间该做什么事　　027

7 ~ 12 岁：培养孩子的时间习惯　　029

12 ~ 15 岁：给梦想一个时间规划　　032

第三章　教孩子制订时间计划　037

教孩子制订短期计划　039

教孩子制订长期计划　046

不要让计划变成折磨　051

教孩子将大目标分解成小目标　055

第四章　教孩子实施时间计划　061

几个技巧引导孩子实施计划　062

提醒孩子回顾计划的执行过程　067

推动计划顺利过“关卡”　070

第五章　合理分配时间，做事分轻重缓急　075

教孩子学会“要事优先”　077

希望做的事与必须做的事　088

准备充分合理，顺利完成计划　091

第六章　积累零碎时间，变成“时间富翁”　095

利用剩余时间，化零为整　096

教孩子学会挤时间　100

利用早上的时间记忆　103

利用等待的时间学习　106

利用睡前的时间复习　109

第七章　帮助孩子改掉拖延症　113

改善孩子的自律性　115

避免孩子“磨洋工”　119

让孩子告别犹豫不决　125

善于利用“约定”游戏　130

利用自我暗示的力量　134

第八章　改正浪费时间的坏习惯　139

孩子不守时，父母怎么办？　140

帮孩子找出“时间小偷”　149

宽容地看待孩子对时间的“浪费”　159

第九章　提高专注力是高效的诀窍　163

为什么孩子很难集中注意力?　164

教会孩子明确注意对象　174

训练孩子的注意力广度和稳定性　185

第十章　利用好专属学生的生物钟　193

把握课堂的黄金 45 分钟　194

课间 10 分钟能做什么　200

在家里该怎么安排学习和生活?　205

过有意义的寒暑假　219

后记　学会用时间之尺丈量生命　231

前　言

掌握了时间，也就掌握了人生

法国思想家伏尔泰曾经在作品里出过一个意味深长的谜语："世界上哪样东西是最长又是最短的，最快又是最慢的，最能分割又是最广大的，最不受重视又是最值得惋惜的？没有它，什么事情都做不成；它使一切渺小的东西归于消灭，使一切伟大的东西生命不绝。"

谜底是什么？你来猜猜看。

答案就是：时间。"最长的莫过于时间，因为它永远无穷无尽；最短的也莫过于时间，因为它使许多人的计划都来不及完成；对于在等待的人，时间是最慢的；对于在作乐的人，时间又最快；它可以无穷无尽地扩展，也可以无限地分割；当时谁都不加重视，过后谁都表示惋惜；没有时间，什么事情都做不成；不值得后世纪念的，它都令人忘却，所有崇高的，都令其生命长青。"

时间到底是什么呢？时间对于不同的人有不同的意义。在生活中，我们常常看到有的孩子做事独立、高效、积极、有规划、有条理，让家长十分欣慰；也有做事消极、磨蹭、丢三落四、懒散的孩子，时常令家长感到焦虑甚至痛苦。同样的学习任务，有的孩子可以很快完成，有的孩子总是慢人一步，导致家长甚至怀疑孩子的智商是否有问题。

为什么孩子之间会产生这么大的差异呢？究其根本原因，不在于智商，而在于孩子对时间的认识和管理习惯不同。孩子们的智商大多相差无几，而时间是最公平的，谁也不多一分，谁也不少一秒。善于管理时间的孩子，学习快乐、生活轻松；不善于管理时间的孩子，每一天都过得很混乱，学习效果自然也就不好了。

面对时间管理这一难题，本书分为“帮孩子建立时间观念”“各年龄段的时间管理训练目标”“教孩子制订时间计划”“教孩子实施时间计划”“合理分配时间，做事分轻重缓急”“积累零碎时间，变成‘时间富翁’”“帮助孩子改掉拖延症”“改正浪费时间的坏习惯”“提高专注力是高效的诀窍”“利用好专属学生的生物钟”10章，从10个角度阐述，并总结出多种方法和技巧，全面、系统地讲解如何培养孩子管理时间的能力，具有很高的参考价值和可操作性。

我们首先告诉父母如何帮助孩子建立时间观念，让孩子知道时间是世界上最宝贵的财富，掌握时间也就掌握了人生。家长可详细分析并根据孩子在不同年龄段对时间认识的差异，制订相应的时间管理训练目标，以有的放矢，教孩子建立时间观念，真正学会有效地管理时间。

其次讲述教孩子学会时间管理的基本方法及准则。教孩子时间管理的基本方法是教孩子制订时间计划。包括短期计划、长期计划、如何实行计划、回顾计划等。成功掌握制订时间计划的方法，不仅能让孩子学会合理分配时间，还能让孩子拥有达成目标的满足感和自信。

制订时间计划，进行时间管理的基本准则是：合理分配时间，做事分轻重缓急。孩子有了管理时间的意识后，又常常会陷入困难之中，不知道具体该怎么做时间计划，怎样将一团乱麻的生活理出个头绪。我们给家长和孩子提供了一条非常有效的线索：分轻重缓急。有些事情看似紧急，实则并没有那么重要。能够分清楚“希望做的事”和“必须做的事”，孩子便能够学会有效地管理时间，管理自我。

接着，我们为大家提供了三个管理时间的技巧。从日常生活出发，分享了大量的鲜活案例，教孩子如何利用零碎时间，对抗拖延症和浪费时间的行为。孩子做事马虎、迟到、学习困难、磨蹭、赖床、做事无计划、贪恋手机等令家长头疼的行为，都可以在本书中看到有效的纠正方案。同时，我们提醒大家理性看待孩子“浪费时间”的行为——什么是“情绪引起的拖延”，什么是“创造性拖延”，以及“休闲时间的浪费”，都是值得家长深入思考的话题。

时间的价值在于孩子在单位时间内做多少事。单位时间内孩子完成的事情越多，完成的质量越高，孩子在成长中所获得的也就越多——这就叫作效率。我们为大家分享一个管理时间的关键诀窍：提高孩子的专注力。一个拥有高专注力的孩子，做什么都能成功。

管理时间的目的是帮助孩子管理自己的生活，提高孩子的学习能力。最后，我们针对家长最关心的话题，分析如何利用生物钟，具体而有针对性地管理孩子的时间，教他们最有效地利用好时间做该做的事情。

一位哲人曾经说过这样一句话："时间是生命之舵。只有勤勉有为的舵手才能驾驭生命之舟，抵达目的地。"让我们翻开这本书，带领孩子乘风破浪吧。

2021年8月

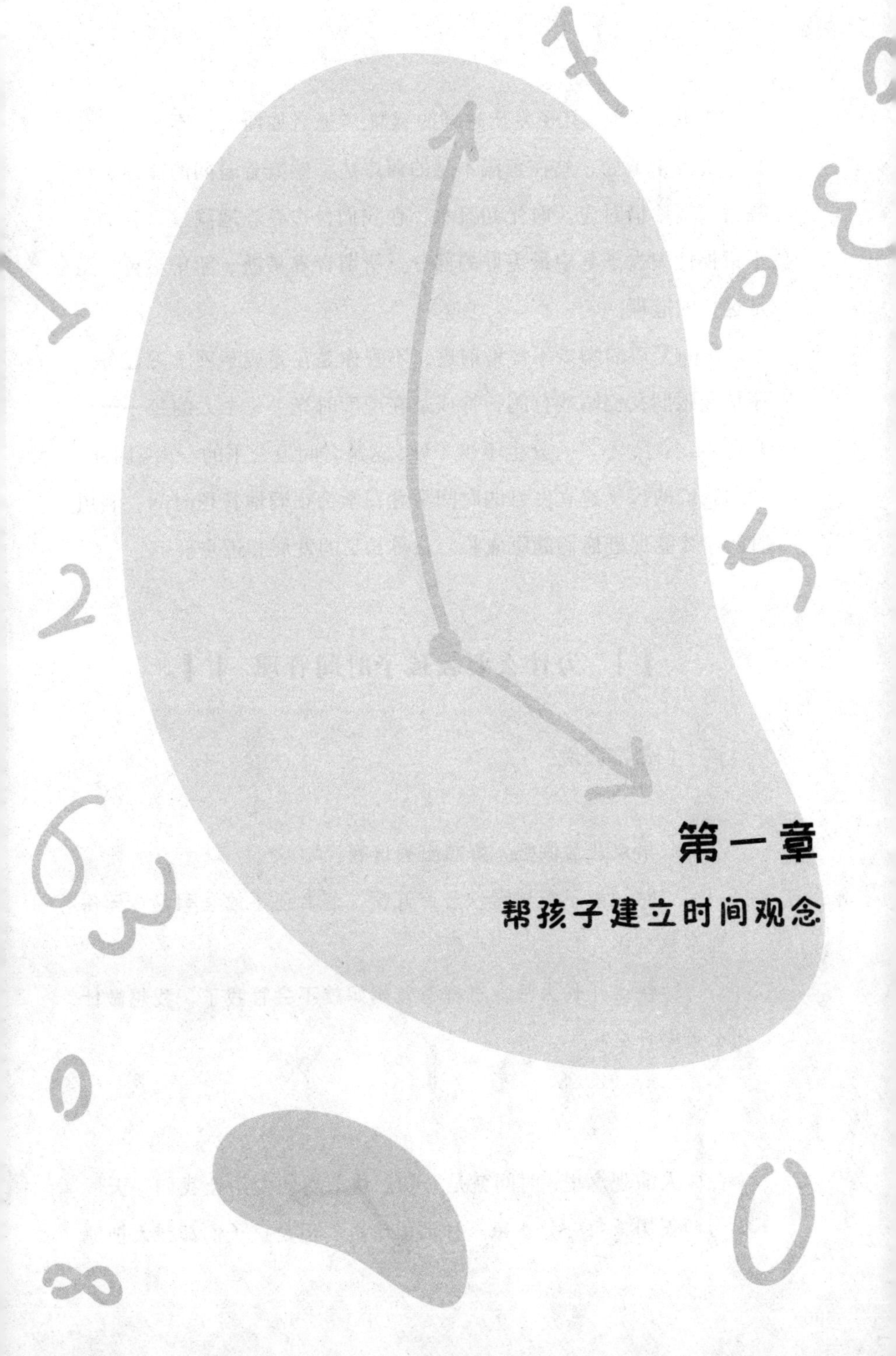

第一章

帮孩子建立时间观念

两千多年前，孔子发出这样的感慨："逝者如斯夫！不舍昼夜。"孔子带着弟子们，站在奔流不息的河岸边，感慨着时间的流逝，提醒后人要珍惜时光。时光如流水，在我们身边静静地淌过，我们一不留神便失去了其中最美好的部分。所谓青春易逝、韶华难再，正是这样的道理。

时间无声的脚步不停地前进，不管你是在完成某项学习任务，还是在跟朋友们嬉戏打闹，抑或是在虚度时光。每个人的每一天都只有24小时，不多一分也不少一秒，这是时间最公平的一面。因此，帮助我们的孩子建立良好的时间观念，学会正确地管理时间、利用时间，才能促进他们健康成长，获得长足的发展和进步。

为什么要教孩子时间管理

孩子们常常会说：

· · ·

"早点儿放假吧，好想出去玩啊！"

"时间能不能过得快一点儿啊，怎么还不放学啊，今天作业又这么多！"

"快点儿长大吧，这样爸爸妈妈就不会管我了，我想做什么就做什么！"

…………

· · ·

在成人的观念里，时间就是一切。快节奏的生活让我们一天恨不得当两天用，每一分、每一秒都很珍贵。但是孩子们却在大把地浪费时间，日子逝去了也毫不知道心疼。

我们小时候也有过这样虚度的时光，所以，我们不能一下子就判定孩子的想法是错误的，因为孩子是从他自己的感觉出发的，孩子对时间的感受和成人不同。但是，我们也不能因此放任孩子浪费时间，而要教会孩子珍惜时间，让他们渐渐懂得时间的宝贵，并学会合理安排自己的时间，每一天都过得充实快乐、有意义。

话说到这儿，有些爸爸妈妈会想：孩子上学之前年纪这么小，怎么可能知道管理时间呢？让他玩得开心，无忧无虑就行了。孩子上学之后，主要任务就是学习，只要把注意力集中在学习上就好了，其他的事都不用孩子操心。

然而，身为父母，我们不可能跟随孩子一辈子，所以，要从小培养孩子掌握时间的能力，这对孩子的一生都有重要的意义。

（一）会管理时间的孩子，就会自我管理

相信不少父母有过这样的烦恼：对孩子必须得看着，一会儿不盯着，不知道他会干出什么让人大跌眼镜，甚至怒发冲冠的事情。对于这种现象，不能全怪孩子。因为孩子的理解能力有限，他不知道什么时候该做什么事，所以才会想到什么就做什么，甚至也不计后果。这就是家长总觉得孩子做事没有条理的原因。

假如孩子有很好的时间管理能力，问题就迎刃而解了。比如，孩子会对一天的时间做一个合理的安排：要上学，要完成作业，要看动画片，要阅读课外书，要参加兴趣班，还要和朋友出去玩等，他会安排好先做什么，再做什么，就算没有人提醒，也能按部就班地做好每一件事。

（二）良好的时间处理能力，让孩子获得信任与肯定

孩子学会管理时间，不仅对其自身有益，还能给他人留下好印象，使他获得信任和肯定。

· · ·

一对双胞胎兄弟，涛涛和琦琦。两个孩子刚生下来的时候，各方面都非常相似，爸爸妈妈很容易把两个小家伙搞混。可是随着年龄的增长，涛涛和琦琦表现出不同的特点。涛涛做事情不急不躁，把时间安排得妥妥当当的，总是想好了再去做，而且会提前跟爸爸妈妈讲一下自己这一天打算干什么，问问父母的意见。琦琦却完全是个糊涂性格，做事儿东一榔头西一棒子，一点儿规划都没有。常常一天过去了，也不清楚自己到底干了什么，该做的事儿一样也没干完。爸爸妈妈越来越信任涛涛，不在孩子们身边的时候，常常预先交代涛涛照顾琦琦。琦琦一直对此耿耿于怀——自己和涛涛一样大，为什么重要的事儿都交给涛涛去做？琦琦认为父母偏心眼儿。

· · ·

这哪里是偏心眼儿啊，完全是涛涛对时间的管理能力征服了父母的心。一个能够管理好时间的孩子，便能获得他人更多的信任。

（三）孩子从小守时，长大才具有合作意识

教孩子学会时间管理，能让孩子从小了解时间的意义，培养孩子准时的观念。比如火车准点出发，我们迟到了就上不了火车；我们和人约定了见面的时间，一旦迟到，不仅浪费自己的时间，也浪费别人的时间。迟到不仅是在浪费时间，也是一个非常不礼貌的行

为，甚至还会损害一个人的信誉。因此，我们要通过教孩子管理时间，让孩子从小就懂得守时的重要性。

一个守时的人是值得信任的人。守时是一个成年人获得合作机会的前提。

（四）学会管理时间能够提高做事效率

在教孩子学习管理时间的过程中，我们要教孩子如何计算和安排自己的时间。比如，上学的路上大概要花多少分钟，去兴趣班大概要花多少分钟，写作业大概要花多少分钟……久而久之，等孩子养成了合理安排时间的好习惯，就同时具有了分配时间的能力，做事的效率自然就高了。

当孩子明确时间的意义、学会管理时间之后，不仅在校学习期间，即便在以后的工作和生活中，他都能做到事半功倍、游刃有余。

从生活入手教孩子认识时间

对于成年人来说，时间是显而易见的客观存在，不需要过多解释就能够理解。可是引导孩子对时间产生概念，是一件比较难的事情。时间摸不着，看不到，该怎么让孩子对时间产生直观的感受，并且认识到时间的可贵呢？这需要父母有一定的智慧和方法。

有的父母可能会指着墙上的时钟说："宝贝你看，这就是时间。"或是把手腕伸到孩子面前，指着手表说："这也是时间。"又或者掏出手机："宝贝你看，手机上显示的数字，这也是时间。"父母觉得，这样向孩子解释应该算是很明确的，但结果常常是孩子一脸茫然地反问："爸爸妈妈，这不是钟吗？""这不是手表吗？""这不是手机吗？"面对孩子的反应，父母也陷入茫然之中。

可见，家长想用一两句话就给孩子解释清楚"时间是什么"是不可能的，反而会让孩子越来越糊涂。孩子的学习能力很强，父母要采取合适的方法引导他们认识时间，树立正确的时间观念。

最简单的方法就是从生活入手帮助孩子建立时间观念。这是一件看起来简单，实践难度却因人而异的事情。我们为家长提供一些小技巧，大家可以结合孩子的日常习惯，利用这些小技巧来加以实践，从中找到适合自己孩子的最佳方法。

（一）在生活点滴中及时把"时间"表现出来

在日常生活中，家长要尽量向孩子强调和时间相关的事情。比如，早上叫孩子起床的时候可以说："6 点 30 分啦，小懒虫该起床啦！"洗脸刷牙的时候可以说："宝贝快一点儿啊，已经 7 点 30 分啦，你要迟到啦！"周末上兴趣班之前可以跟他说："绘画班下午 3 点上课，现在才 1 点，你还可以休息一会儿。"在这样的潜移默化中，孩子就会渐渐明白什么是"早"、什么是"迟"，以及具体的时刻有哪些。久而久之，他就能很好地感受到"时间"了。

每一次向孩子明确地点出时间，都要让孩子知道：自己现在正做的事情或者接下来要做的事情是和时钟上某些数字联系在一起的，而这些数字就代表了"时间"。当孩子形成习惯之后，做事情之前就会开口问："妈妈，6 点了，爸爸应该下班回来了吧？""妈妈，9 点了，我要准备睡觉了吧？"这一类带有具体时间点的问题，也就是说，此时孩子已注意到时间的存在，并开始切身体会时间的变化了。

（二）让孩子在规定的时间里完成任务

当孩子能够很好地理解时间之后，我们就可以进一步让他更深刻地体会时间的意义。此时，父母可以让孩子在规定的时间里完成一些任务，并约定好奖励和惩罚的办法。

比如，10 分钟之内把衣服穿好，20 分钟之内整理完房间，30 分钟之内把一顿饭吃完，等等。刚开始的时候，可以给孩子设定好闹钟，以此来给他提醒。如果孩子在闹钟响之前就把该做的事情做完了，就给予表扬和鼓励；相反，如果未能按时完成，就给他一定的惩罚，比如减少看动画片的时间等。

这样，孩子就能逐渐对时间的长度产生概念——10 分钟有多长，可以做些什么；半个小时又可以用来做些什么；一天下来总共能做多少事情。

（三）教孩子观察自然，感受时间带来的变化

・・・

有个孩子问过他妈妈一个问题："什么是时间？"那位妈妈的回答非常有智慧："时间就是变化。用你的眼睛去发现，大自然都有什么在变化。"

・・・

换句话说，从大自然中体验时间带来的变化，其实就是给孩子的最好的时间教育。陪孩子看影子的变化；陪着孩子观察日出、日落；关注一株植物如何经历春夏秋冬，花开花落；养一只蚕，看它从卵孵化成虫，然后吐丝作茧，破茧成蛾，最终完成生命的历程……

总结一下，我们要让“时间”这个抽象的概念变成孩子生活中一件件具体的事情，引导他把要做的事和时间联系起来，建立自己的时间观念，做出合理的规划。当孩子知道什么时间该做什么，并能计算出完成某件事所需的时间时，就说明他已经具有时间观念了。久而久之，他就会养成做事有合理计划的习惯，这能帮他一步步提高做事的效率。

让孩子意识到时间的流逝

我们先来猜个脑筋急转弯：“什么东西只会增加，不会减少？”

答案是——年龄。

我们都知道，时光如白驹过隙，年华一去不复返。但在孩提时代，对于时间的概念往往是模糊的。“明天的太阳会照常升起来……”在孩子的眼中，时间仿佛用不完，今天过完了还有明天。该怎么让孩子意识到时间在不知不觉中就流逝了呢？

我们来看看这位妈妈的做法：

· · ·

每天下午6点，婷婷都会准时坐在电视机前等着看动画片。有一天，妈妈和婷婷一起坐下来，认真地看了一集动画片。一集动画片也就20分钟左右的长度，很快就演完了。婷婷遗憾地说：“动画片怎么这么短啊，这么快就放完了。”

妈妈趁机说道：“是不是觉得看动画片的时间一会儿就过去了？”

婷婷使劲点头，看着电视里正播放着动画片的片尾曲，意犹未尽。

妈妈接着说："你做自己喜欢的其他事情的时候，是不是也感觉时间过得特别快呢？这就是时间的脚步啊！"

婷婷恍然大悟："原来是这样啊！"

妈妈继续说道："其实时间的速度是稳定的，但它一直在向前走，常常在我们还没感觉到的时候就跑得无影无踪了。所以，我们是不是要珍惜时间呢？"

婷婷若有所思："嗯，妈妈你说得有道理！我一定会珍惜时间！"

· · ·

婷婷的妈妈以她最喜欢看的动画片为例来让婷婷意识到了"时间的流逝"。看动画片是婷婷喜欢做的事，所以婷婷沉浸于其中，觉察不到时间的变化，故而在动画片结束时，她会感慨时间过得很快。婷婷通过自己的亲身体会，发现了妈妈所说的是事实，有了珍惜时间的意识。

（一）旅行是告诉孩子时间在流逝的好机会

旅行使人快乐。不管是长途旅行，还是短途踏青，每次旅行结束，无论是大人还是小孩，回家的时候都有一种意犹未尽的感觉。孩子会感慨时间过得太快了，美好的时光总是太短暂。这时，我们就可以趁机提醒孩子：时间是很珍贵的，它往往在我们不经意中就消失不见了，要懂得珍惜。

（二）玩耍也要"行止有度"，让孩子体会时间的流逝

当孩子沉浸在自己感兴趣的事情中时，由于精神专注、集中，往往不知不觉过了很长时间还不知停歇。等父母催促吃饭时，孩子还不耐烦地说："这才什么时候就吃饭了？再等会儿吧。"这时，我们可以指着墙上的时钟提醒孩子：你只是忙着你的事情没注意，其实已经到饭点儿了。

父母需要注意的是：有的孩子会因为贪恋玩耍而觉得时间"不够用"，很不尽兴，要求家长给自己延长玩耍的时间。切记，不要轻易对孩子的请求妥协，而是应该提醒他，做每件事的时间都是有限的，一件事完成了就要开始下一件事，不能擅自延后，否则事先订好的计划就会被打乱。

（三）做个"比较"实验，让孩子体会时间的流逝

父母可以邀请孩子做个"比较"实验，来让孩子体会"时间的流逝"。比如：给孩子两个30分钟的时间段布置特定任务，第一个30分钟写作业，第二个30分钟玩游戏。让他体会对时间的感受，并作对比，孩子一定会觉得第一个30分钟实在太漫长了，而第二个30分钟一会儿就结束了。

在做比较的过程中，父母要把时钟放在孩子容易看见的地方，让孩子自己在过程中观察时钟的变化。实验结束以后，父母可以告诉孩子：两个30分钟的时间长度是一样的，这种"忽长忽短"的感觉，其实就只是他自己的感受罢了。做自己不想做的事情时，难以集中精力，总盼着快点结束，当然就会觉得时间过得缓慢；而当做自己感兴趣的事情时，往往会专注精神，自然注意不到时间的流逝了。

孩子逐渐了解时间的流逝后，父母就可以引导孩子对时间的长短做出正确的判断，而后合理安排自己的学习、玩耍等日常事务，

科学分配时间，并按照计划一步步做好。等孩子不管做什么都能一心一意的时候，他对于时间的把控就更加熟练了，也就会更加理性地看待时间的流逝。

积沙成塔、集腋成裘，时间观念需要慢慢培养。随着孩子的成长，父母可以结合具体情况，有意识地把时间观念解释给孩子听，引导孩子逐步意识到时间的重要性。

教孩子记录“时间开销”

理财的时候，人们会把每一笔日常开销都记录下来，从而明确地知道自己的钱都花在什么地方了，然后根据消费情况调整消费习惯。同理，时间虽然是看不见、摸不着的，但“时间开销”却是真实存在的。因此，我们可以参照理财的方式来打理时间。

与成年人相比，孩子对时间的认识还比较模糊，因而需要我们引导他好好理解时间，建立系统的时间观念，以便高效利用时间。我们可以引导孩子做一个记录时间的“流水账”，让他知道自己把时间都花在了哪里，从而合理调整时间的分配方案。

（一）教孩子做“时间开销表”

首先要让孩子明白什么是“时间开销”——就是做每一件事情所花的时间。我们可以坐下来和孩子一起回忆，让孩子想想最近一段时间都做过些什么，每一件事又分别花费了多少时间。

如果孩子没有好好安排自己的时间，他的记忆很可能是混乱的，想起一件是一件，对具体的时间长度更是模糊不清。这时，我们就要慢慢地梳理他的思路，以便引导他做出合理的规划。

当然，假如孩子的记忆力足够好，而且条理清晰，我们可以继续引导他回忆更久以前发生的事情，比如让他想想上个星期，甚至过去的一个月都做了哪些事情，然后看看怎样调整，从而做出最佳的选择。

回忆的时候，父母最好和孩子一起把这些事情罗列在纸上，这样有助于孩子更直观地感受自己做事所用时间的分布情况。可参考如下表格：

小鹏的时间开销表

日期	事件	时间	是否完成
7月15日	写暑假作业	9:00 ~ 10:00	否
7月15日	帮妈妈去超市买东西	10:00 ~ 11:00	是
7月15日	练习打羽毛球	16:00 ~ 17:00	是
7月15日	看动画片	18:00 ~ 18:30	是
7月15日	写暑假作业	20:00 ~ 21:00	是

做“时间开销表”的主要目的就是让孩子意识到他过去对时间是如何利用的，并且教他学着在以后的时间里调整和改进，以便做得更好。

（二）教孩子分析“时间开销表”

列出“时间开销表”以后，我们就可以和孩子一起分析它了。让孩子说说自己的感受：在做某事时具体是怎么做的？有什么感受？现在回过头来看，又有什么感受？对于时间的利用和安排有什么想法？

此外，我们也可以和孩子同步记录时间开销，比如同样的一个小时内，爸爸妈妈都做了什么，孩子又做了什么。孩子也许只写完了作业，而大人可能不仅已经洗完了衣服，还准备好了晚饭。相比之下，大人的时间利用率更高一些。这时，我们可以趁机鼓励孩子做事再专注一点儿，说不定就能多完成一件事。

当孩子意识到“时间开销”的不同，他就会逐渐改善自己对时间的利用方式，从而在有限的时间里做好更多的事情。

（三）多和孩子聊聊对时间的认识

在教孩子养成时间观念的过程中，我们可以时常和孩子聊聊各自对时间的认识。随着孩子年龄的增长，他对时间的看法也会渐渐改变。孩子还没上学时，可能对时间是没有具体概念的；刚上小学时，开始知道在固定的时间内要做固定的事，比如上课、下课、自由活动，都有具体的安排；而到了小学高年级，眼看就要毕业时，他对时间又会产生与之前不同的认识；等等。

对于孩子的任何一种看法，我们都要保持一个理性的态度，和他一起分析其中哪些观念是合理的，哪些又是需要改进和完善的。在分析的同时，可以一点一滴地引导孩子，让他对时间产生深刻的理解，但不要强硬地要求他必须做到哪一步。要知道，孩子只有自己主动想要改变，才有可能出现实质性的变化，对时间观念的养成和具体利用时间的习惯也是如此。

想要孩子养成良好的时间观念，离不开父母的正确引导。作为父母，我们不能只教不问，而要时常和孩子沟通，了解孩子的想法，以便更好地帮助孩子树立科学的时间观念。

父母是最好的榜样

本节开始之前，我们先来看一个案例：

···

陶涛放学回到家，看到妈妈在厨房里忙着做饭，爸爸却瘫在沙发上玩手机。陶涛放下书包，跟爸爸打招呼："爸，我回来了。"陶涛爸爸头也不抬，"嗯"了一声继续玩手机。妈妈听到了，在厨房里喊陶涛洗手准备吃饭。

陶涛帮妈妈把碗筷摆好，全家一起吃饭。吃饭时，陶涛爸爸还不时拿起手机看一眼。妈妈不高兴，让爸爸别玩手机了，爸爸却敷衍说在处理工作问题。

吃完饭，妈妈去收拾厨房，爸爸继续坐在沙发上玩手机，总算没忘了叮嘱陶涛去写作业。

陶涛看到妈妈在忙，爸爸在玩儿，没人管他，就关上了小房间的门，也拿出手机玩起来。时间一分一秒地过去了，一个小时以后，妈妈终于收拾完了。她来到陶涛房间一看，儿子正在和同学们联机打游戏呢，作业一点儿都没写。游戏打得热火朝天，陶涛连妈妈进来都没有发现。

妈妈非常生气地训斥陶涛。这时，听到动静的爸爸也走了过来教训陶涛。陶涛不服气地反驳："为什么爸爸能一直玩儿手机，我上了一天课那么辛苦，休息一会儿怎么了？怎么就浪费时间了？”

……

“Children see, children do!”这句话的意思是说：孩子看到了什么，就会怎么去做。父母的言行举止，往往潜移默化地影响孩子的行为。

我们知道，父母是孩子的第一任教师，而家庭是孩子成长的摇篮，孩子如何成长，关键在于父母如何引导。有些父母经常抱怨孩子不会管理时间，做了很多无用的事，浪费了很多时间。这些父母是不是应先反思一下自己，是否为孩子做了一个好榜样？

在孩子的成长过程中，除了学校，家庭在教育中也起到了举足轻重的作用。家庭环境、人际关系、父母的文化程度和道德修养等，都会给孩子带来一定的影响。鲁迅先生就曾指出：父母不仅可以把自己的优秀品质传给后代，其恶劣性、不良性格、不好的生活习惯也会潜移默化地影响孩子。

因此，想孩子有良好的时间观念，父母首先要做好榜样，以身作则。我们只有自己做到了珍惜时间、合理安排时间，才能身体力行地教孩子如何管理时间。可以想象：当父母一边批评孩子玩手机的行为，一边自己玩手机时，孩子会对父母的批评嗤之以鼻，根本不会放在心上，同时父母的威信在孩子心中也会大打折扣。

孩子是一面镜子，父母的行为习惯往往会在孩子身上显现出来。假如，父母做事都丢三落四、拖拖拉拉，却想让孩子集中注意力、提高效率，这样的可能性是很小的。因此，在教孩子管理时间的同时，父母就要做到以身作则。例如，按时完成日常工作，规划一定的时间来读书、看报等。

父母不能把管理好时间的要求都强加在孩子身上，对自己却什么都不在乎。否则，不仅会使孩子的压力加大，还给了孩子逃避责任的借口。孩子会认为：爸爸妈妈都没做好，我也没必要较真了吧。家长们要谨记“Children see, children do！”这句话，想要自己的孩子养成良好的习惯，就要从自身做起，给孩子做一个好榜样。

那么，作为父母，在时间管理上，我们应该如何给孩子做好榜样呢？父母可以参考以下几个方面：

（一）做事情时一心一意

集中注意力，做事专注，这是能保证最有效利用时间的前提。

具体而言，当孩子学习时，父母可以选择看书或者做家务。父母在做自己的事情时，专注的态度会给孩子带来潜移默化的影响。专注的人具有很强的感染力，当孩子疲倦、懈怠的时候，看见父母还在坚持，孩子也会受到鼓舞——父母的好行为能够影响孩子，让孩子明白可以怎样做、应该怎样做。

（二）说话要算话

从孩子可以自己穿衣吃饭开始，父母就要培养他凡事有计划的观念，并教会他按计划行事了。孩子上学了，父母可以和孩子一起制订学习计划，教他把学习和生活安排好。制订计划时，父母要结合孩子的具体情况，参考孩子的意见，引导孩子从参与到主导计划的制订。制订好计划后，父母还要和孩子一起检查计划的合理性，并监督孩子按照计划严格执行。

在孩子幼小的时候，父母是规则的制订者，也是监督者。一开始，父母就要说话算话，不能随意篡改已经制订好的计划。此外，父母答应孩子的奖励和惩罚，也要严格按计划执行。不能因为溺爱孩子，惩罚就不进行了，也不要因为怕麻烦或者怕花钱，答应孩子的奖励不给了。要做到言而有信，这样，父母的话才有权威性，才有说服力。

（三）陪伴要有足够的耐心

刚开始教孩子管理时间时，父母可以给孩子布置一些小任务，比如画画、看书、写字等，逐步培养他的时间观念。最初完成某项任务的时间可以是 5 分钟、10 分钟，往后再慢慢延长。按照计划做事情，能够让孩子知道自己什么时候该做什么，这样他在做事的时候才会更加专心。

当然，人们做任何事情都会进入一个“疲倦期”。一开始孩子会因为新鲜感，对计划特别上心，但过段时间，积极性就可能没有一开始那么高了。这时候，家长要以充足的耐心来鼓励孩子，督促他把计划坚持下去。当按计划做事成为习惯，孩子以后的学习和生活就会轻松许多。

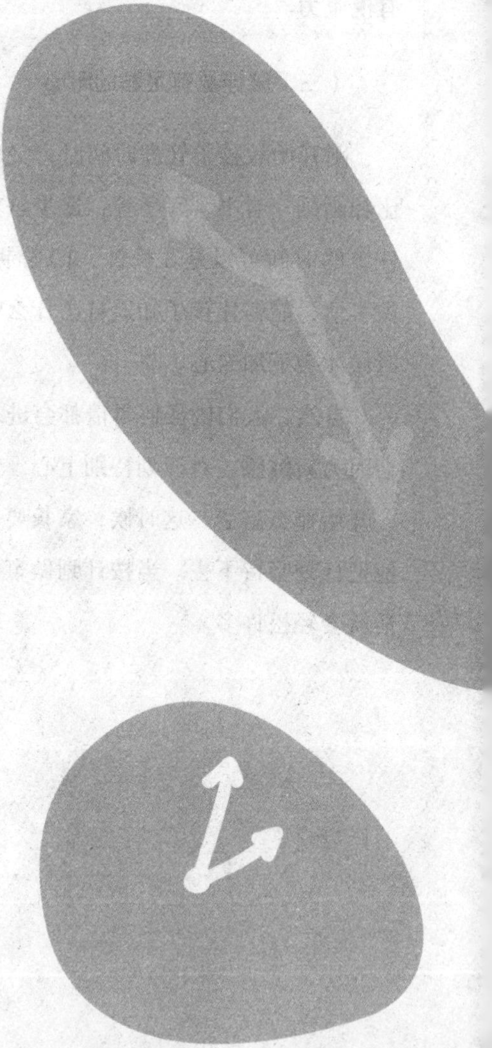

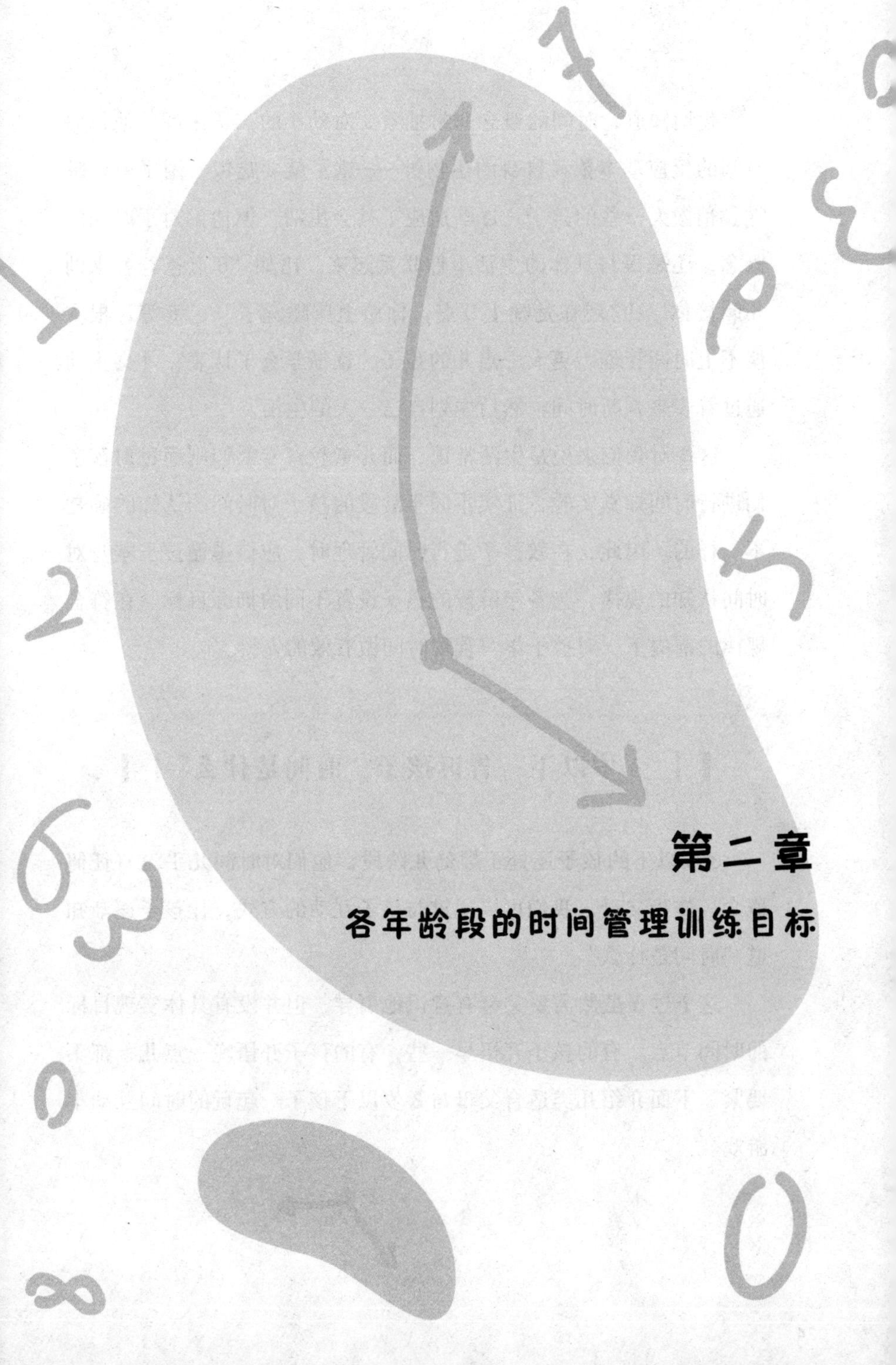

第二章

各年龄段的时间管理训练目标

我们知道，时间的概念非常抽象。对幼小的孩子来说，他们对时间的反应基本依靠自身的生物钟——饿了就要吃饭，困了就要睡觉。稍微大一些的孩子，逐渐适应了社会生活，但他们对于时间的概念，还是得与具体的生活事件联系起来。比如“6 点爸爸就来幼儿园接你”，“现在是晚上 9 点，你该上床睡觉了”，等等，根本谈不上时间管理。更大一点儿的孩子，逐渐学会了认表，才会主动通过看表来判断时间，然后规划自己一天的生活。

这些对我们来说是生活常识，而儿童教育专家们则通过对孩子们进行时间知觉实验，证实不同年龄段的孩子对时间的认知的确是不一样的。因此，在教孩子进行时间管理时，应该遵循孩子本身对时间认知的规律，为各年龄段的孩子设置不同的训练目标。在符合规律的前提下，对孩子学习管理时间做有效的安排。

3 岁以下：告诉孩子“时间是什么”

3 岁以下的孩子还处于婴幼儿阶段，他们对时间几乎没有任何概念。作为父母，我们可以通过与孩子互动的方式，让孩子逐渐知道“时间是什么”。

这个过程虽然需要父母有意识地引导，但并没有具体实现目标的时间节点。有的孩子开悟早一些，有的孩子开悟晚一点儿，都不要紧。下面介绍几类适合父母与 3 岁以下孩子一起玩的时间互动小游戏。

（一）追赶打闹类游戏

对3岁以下的孩子来说，游戏越简单，他们就越喜欢。通过游戏让孩子明白时间是什么，关键是在游戏的过程中，增加一些和时间有关的内容。

比如，父母可以和孩子在客厅里玩“你追我赶”的游戏，或是和孩子捉迷藏，当父母被孩子追上或是发现时，孩子往往会很有成就感地大笑。一般来讲，这样的游戏孩子百玩不厌，常常屁颠屁颠地跟在妈妈后面追赶，直到累得跑不动了为止。每次玩10分钟左右，10分钟过后，妈妈便可以停下来，指着钟表提醒孩子说：“你看，我们已经玩了10分钟了，时间过得真快啊！”

这样的游戏，不光锻炼孩子的身体，也会使得孩子的注意力更加集中，运动时更加专注，还能通过愉快的玩耍，让孩子体会到10分钟等具体的时间是什么概念。

（二）丢东西、取东西之类的游戏

从孩子1岁起，父母就可以陪伴他们玩这类游戏了。

父母把球往远处一丢，让孩子把球捡回来。小宝宝们通常很喜欢这样的游戏。不过，孩子玩过几次之后，可能就不再好好配合了，这时父母可以加点儿新花样，比如“30秒能够捡回来，就吃一颗樱桃”，当孩子把球捡回来之后，父母可以告诉孩子：“你真快啊，30秒就把球捡回来了。”

当然，对于孩子捡回球的时间，要根据孩子的具体情况来设置，既可以是30秒，也可以是1分钟或2分钟。通过这样的游戏，能让孩子体会到“30秒”或“1分钟”是什么样的概念。

（三）情景游戏

对 3 岁以下的孩子来说，最好的情景来源于他熟悉的故事，书上的或生活中的都可以。以 2 岁的宝宝为例，他虽然能记得故事里的不少内容，却无法将这些内容连贯起来。所以做游戏的时候，在每个动作开始之前，都要给孩子提个醒。

比如，妈妈和宝宝玩儿开火车的游戏，妈妈可以说："现在 10 点钟了，长长的火车要出发了，宝宝跟着妈妈一起出发吧。"

通过这类游戏，可以让孩子感受到一定的时间与特定的事项之间的关系。

（四）和孩子一起看动画片

父母陪孩子看动画片时，可以边看边为他讲解里面的故事，尤其是遇到和时间有关的情节，要重点强调一下。比如，看到《小猪佩奇》中正在吃饭的场景，我们可以对宝宝说："你看，钟表上的时间是中午 12 点整，小猪佩奇一家就要吃午饭了。"随后让孩子仔细看看动画片里钟表上所显示的时刻，将所说的时间点对应起来。

特别对于 3 岁以下的孩子来说，父母最好能先带孩子看一遍动画片，讲解一番，再让他单独看一遍。这样，更容易锻炼孩子的注意力和记忆力。

需要注意的是，为了保障孩子的作息规律和身体健康，看动画片尽量不要安排在临睡前，而应安排在运动或游戏后，作为短暂的休息调节。

3 ~ 6 岁：明白什么时间该做什么事

孩子 3 ~ 6 岁，正是上幼儿园的阶段。从婴儿时期转入幼儿时期，孩子将脱离 24 小时被亲人环绕呵护的熟悉的环境，进入一个相对陌生的环境。为了让孩子更好地适应幼儿园的生活，父母应该从心理和身体两方面帮助宝宝做好准备。

准备工作有很多。除了教孩子学会自己吃饭、穿衣、饭前便后洗手等基本的生活技巧之外，非常重要的一点就是要教孩子管理时间，即：明白什么时间该做什么事。比如什么时候该起床去幼儿园了、什么时候该吃午饭了、什么时候该睡午觉了……

我们多次讲到，孩子对时间的概念是模糊不清的，即使有了短暂的认知训练，他还是很难做到事事管好自己，脑子里大多想的还是怎么玩。父母可不要以为孩子长大一些就能主动管理时间了。事实上，管理时间的能力并不会像小孩子出牙那样，时候到了就自然发生，而是要一点一滴花时间和精力去培养的。对于 3 ~ 6 的孩子来说，我们该教会他的是如何进行自我管理，让他能在一段有限的时间内，合理安排自己该做的事情。

（一）给孩子讲讲时间与人之间的关系

在前面的章节里，我们提到过可以通过钟表上的数字和时针的指示来告诉孩子时间的概念。而对于 3 ~ 6 岁的孩子来说，我们可以引导他去发现和认知时间与自己的生活之间有着怎样的关系。

比如，可以告诉孩子，经过了 3 个四季轮回，他才从一个刚降生的小婴儿慢慢长大长高，长到 3 岁，才能上幼儿园，学习知识、遇到朋友。再比如，在幼儿园，上课时，孩子得听老师的指示；而在自由活动期间，他就能做自己喜欢的事情，或是和朋友一起玩游戏了。

父母需要告诉孩子的是，每个人拥有的时间都是有限的。时间像河水，向前奔流不会回头，已经流逝的时间，也不会额外给任何人以补偿。所以，不能将时间看成可以随意玩弄的玩具，而应该学着用一种严肃认真的态度去管理时间,挖掘出时间赋予自己的价值。

（二）引导孩子与时间做好朋友

我们都知道这样一个道理：想要别人对你好，首先要对别人释放自己的善意。其实，对待时间也是如此。我们要让孩子与时间交朋友，学会善待时间，这样他才能更好地感知时间、管理时间，时间也能为他所用，让他在有限的时间内有所收获。相反，如果孩子不能友好地对待时间，那么结果往往会“惹怒”它，到最后时间回馈给孩子的便是“无情的苦果”，甚至是一事无成，那时就悔之莫及了。

（三）教孩子在合适的时间内做合适的事情

3 ~ 6 岁的孩子要管理自己，就要好好“表现”。这里的“表现”不是让孩子表现给别人看，而是说他所做的事情要对得起时间，对得起自己。也就是说，我们要教孩子在合适的时间做合适的事情，该学习的时候，就认真地读书写字；该玩耍的时候，就随心所欲地尽情放松。

既然决定了要做一件事，就要全心全意地付出，保证时间没有被虚度。当然，需要注意的是，在孩子还没有学会在一定时间内合理安排事情、不能自主管理时间的阶段，父母要代孩子做好时间规划。尽管我们希望孩子能够充分利用每一分每一秒，也不必把孩子的生活安排得像时刻表一般精确、刻板。否则，孩子会失去童年应有的乐趣。我们应该将时间安排得有弹性，最好让孩子自己也参与到时间的安排和管理过程中来。

7 ~ 12 岁：培养孩子的时间习惯

7 ~ 12 岁，这个阶段正是孩子上小学的年纪，是孩子从每天用大量时间自由玩耍到进入一个相对规范的学习环境的转变时期。幼儿园时期，孩子有大量的自由活动时间，在课堂纪律和学习知识方面，并没有非常严格细致的要求和规范。但进入小学就不一样了，上课、自由活动都有其限定的时间，而且每天在课堂上学习知识的时间更长，课业的难度也逐年提升。

小学阶段，孩子不再有那么多的时间可以随心所欲地玩耍，很多孩子的心理转换速度也跟不上日常作息的突然转变。有的孩子一时适应不了，甚至会因被“拘束”而觉得有些痛苦，随之以消极“怠工”的态度去抗议，以致浪费了大量的时间。比如，做作业拖延，玩得不愿意停下来，对爸爸妈妈的催促装作听不见等。

面对这种情况，大人们虽然着急，但有时候也会因心疼孩子而不忍心严厉地加以管教。

我们要向这部分家长反复强调一种观念——好的行为一定要固定下来形成习惯。既然原来的生活状态可以形成习惯，那么，只要想办法把孩子成为小学生之后要做的事情也变成他的习惯，痛苦的状态自然就会发生改变。等孩子逐渐习惯小学生的生活状态之后，不仅能够有规律地作息，而且还会有更多新鲜的事物等待他的探索和发现，让他更加茁壮地成长，活力十足。当孩子积极地享受新生活时，自然也就不会无谓地浪费时间了。

如果说，上小学之前的生活习惯，大都是孩子在无意识中形成的，那么当他成为小学生之后，父母就要有意识地培养孩子的新习惯了。下面给父母三个有效的建议：

（一）要求孩子坚持按照时间表做事

要养成习惯需要花时间坚持，而时间表是帮助孩子坚持的最好工具。比如学习，如果家长毫无规律可言，突然间强迫孩子坐下看书，孩子就会很不适应，继而产生焦躁情绪，学习也达不到应有的效果；一旦孩子每天都按照时间表规定的时间学习，久而久之，他就会形成习惯，每天都会自觉地按时拿起书本了。

所以，我们可以协助孩子制订适合他的时间表，不论大事小情，都鼓励他坚持按照时间表做事。长此以往，孩子形成了习惯，做事就不会再慌慌张张或拖拖拉拉，而能够做到遇事沉稳、有条不紊，也能够达到事半功倍的效果。

在协助孩子制订时间表之前，大人最好也为自己制订一个时间表，和孩子各自按照自己的时间表做事，给孩子树立好榜样。看到父母的良好表现，孩子也会主动去模仿，尤其是那些“不服输”的孩子，会更愿意和大人展开“较量”，争取表现得和大人一样好，甚至超过大人。

（二）果断地帮孩子切换到有规律的生活状态

在这个阶段，不仅孩子从幼儿园的小朋友变成了小学生，要转变心态，家长也一样要转变心态，用一种对待小学生的态度去对待孩子。也就是说，父母要负起家长的职责，严格要求孩子，果断地让孩子从懒散顽童的状态切换到小学生有规律的学习和生活状态。

有的父母总担心孩子在这个过程中有抵触情绪，因舍不得让孩子“不舒服”而迁就甚至纵容孩子。殊不知时间不等人，如果孩子在幼儿园期间没有受过一定的适应性训练，那么到了小学阶段，家长就必须帮助孩子迅速完成身份和心态的转变，否则孩子就容易被落下。假如孩子各方面总显得比别人慢半拍，他也会感觉到痛苦，逐渐丧失自信，导致恶性循环。

反之，家长的态度越果断，孩子就越能正视这种转换。当孩子意识到时间不容随意浪费时，他也就更容易从思想上接受并重视这个转换过程，也能更加卓有成效地看到自己的变化；在主动管理时间方面，在掌握自己的学习和生活方面，也能更快更好地获得自信。我们帮助孩子养成生活习惯和学习习惯时，孩子也不会磨磨蹭蹭地不愿意接受了。比如，我们可以根据孩子上学和放学的时间，把起床、学习、做游戏、看动画片、睡觉及上兴趣班的时间都固定下来，每日坚持，逐渐养成孩子的日常习惯。

（三）不要因为心疼孩子随意打破惯例

还是以“睡觉”这件事来举例，有的家长因心疼孩子每天早起时“睡不够”，而时不时主动破坏让孩子按时起床的规矩，对孩子说：“今天多睡会儿吧，等一会儿我喊你。”这样的表现是绝对不可以有的。因为，任何一个例外，对于孩子来说，都是一个可以触碰父母底线的机会。当他发现这一点之后，他就会越发频繁地要求“例外”待遇。好习惯的养成，也就因此变得遥遥无期了。

家长协助孩子养成日常习惯的过程中，最关键的一点就是坚持。我们都知道，一个习惯的养成，势必要经过痛苦的过程，只有坚持熬过这个关口，目标才能最终达成。

所以，即便在养成好习惯的过程中看到孩子的不适应、不舒服，但只要明确所实施的计划是在可预期范围内的，我们就应该鼓励他、督促他，帮助他尽早品尝到坚持带来的甜头，从而引导孩子意识到好习惯对他的重要意义，继续坚持下去。

千里之行，始于足下。7 ~ 12 岁的小学阶段是孩子漫长学习生涯的起点，也是学习时间管理的黄金阶段，能否把握住这个阶段，将直接影响孩子的一生。所以，父母要带领和帮助孩子完成这个重要的过渡。

12 ~ 15 岁：给梦想一个时间规划

12 ~ 15 岁，是人生中最美好的青春期，也是决定孩子一生的关键期。青春的岁月如钻石般珍贵，如鲜花般美丽。然而，青春的岁月里也同样有狂风扬沙，甚至乌云暴雨。青春期的孩子令不少父母感到迷惘，甚至找不到教育的方向：从前贴心的女儿或儿子与自己的距离越来越远，一天说不上几句话；原本一门心思扑在学习上的孩子，竟然迷恋上了网络游戏……面对这些令人猝不及防的变化，父母虽然很想帮助孩子，却发现无从下手。

其实，引导青春期的孩子学习时间管理并不难，只要父母先学习并掌握有关青春期教育的知识，并认真耐心地对孩子加以引导，就可以避免孩子误入歧途，让他早日成材。

对于 12 ~ 15 岁的孩子来说，学习时间管理的训练目标是：给梦想一个时间规划，充实地过好每一天。

每个人都有梦想。对于 12 ~ 15 岁的孩子来说，他们的知识进一步积累，眼界更加开阔，丰富多彩的世界通过各种途径展现在他们的面前，他们开始有了相对具象甚至明确的梦想。作为家长应该引导孩子把梦想落地，细化到时间规划中来。实现梦想的那天，就是时间规划的终点。孩子在追求梦想的过程中，一天天按照时间规划去做，达成规划中一个又一个的小目标，不仅会把生活过得充实而有意义，也会不断接近梦想的实现。

有的孩子虽然有梦想，但认为梦想是很遥远的事情，因而无法与自己眼前的生活联系到一起。比如，倘若想成为宇航员，作为一个孩子，无论知识储备、能力或是机会还都不具备，显然近期内是实现不了的。这时，我们要告诉孩子：这样的梦想是远大的，虽然不能一步就位，但也并非遥不可及。只要从眼下慢慢积累，逐步朝着目标前进，终将到达成功的彼岸。

相反，有的孩子不知梦想为何物，连自己每天想做什么或是应该做什么都不知道，那么他的生活状态就会十分空虚。上学是被动的，玩耍是索然无味的，完全没有动力做任何需要努力才能完成的事情，更容易被以获得享受和刺激等感受为主的事物吸引，沉迷其中，不可自拔，以致浪费时间，最终甚至自毁前程。

所以，在这个阶段，家长首先要发现或激发孩子的梦想，其次应该鼓励孩子为了梦想而努力，进而以梦想为引领，引导孩子做出时间规划，使其未来每一天的生活与学习都有成效，在实现梦想的路上留下有价值、有作用的脚踏实地的印痕。为此，我们给父母提出三个建议：

（一）不管孩子的梦想是什么，父母都要予以尊重

提到孩子的梦想，很多家长会很自然地将其与自己的期望结合在一起，认为它应当崇高而远大，甚至有的家长期待孩子成名成家，走上人生的“巅峰”。当然，孩子拥有伟大的梦想是一件好事，但不是所有孩子的梦想都那样伟大。

比如，有的孩子想成为花匠，有的孩子想做修理工，还有的孩子觉得开出租车很酷。又比如，有的孩子看不到那么遥远的未来，只是梦想初中毕业后自己能考进重点高中，或者由于具备某项技能而成为某个校园团体里的“风云人物”……

例子中的这些梦想看似平凡，但我们不能否定它们的存在和价值。尤其是那种“近在眼前”的梦想，因为其可实现的时间有限，反而是极有可行性也较为容易实现的。这就更需要家长和孩子一起好好规划，把握这段宝贵的时间。

也就是说，家长不要擅自改变孩子对梦想的理解。不管他的梦想是远大的还是平凡的，我们都要予以尊重。一旦孩子表达出了自己的梦想，只要是积极向上、切合实际的，我们就应该给予鼓励，并引导孩子通过对时间的管理，努力实现梦想。

（二）引导孩子为了实现梦想制订时间规划

想要实现梦想，努力是必需的，但盲目行动显然是不行的。作

为人生经历更加丰富、智力和能力都更加强大的成年人，家长可以引导和帮助孩子，教他们为实现梦想而制订时间规划。如果梦想简单易实现，比如考取重点高中，那就制订一个短期规划，算好每天要学习的任务量和所需的时间，并坚持执行；如果孩子的梦想远大而复杂，家长就要引导孩子制订一个长期的规划，在其中划分几个阶段，然后按步骤先做好每个阶段应做的事，逐步实现每个阶段节点的目标，一步步靠近终极目标。

为实现梦想而做的时间规划与日常生活和学习的计划并不冲突，后者还可以自然地融入前者之中。只不过，日常的付出和努力由于梦想的召唤会更加有的放矢；所需的主动性和强度也会更大一些；在对时间把握的要求上，也会相对紧凑许多。对此，家长须要告诉孩子：在为梦想而制订时间规划时，要对自己的学习能力和生活节奏进行综合考量，既要保证劳逸结合，也要保证时间效率。

家长的鼓励对孩子来说很重要，因为孩子如果无法获得来自家人的支持，他可能很快就放弃梦想了。如果我们没有及时抓住孩子的梦想，并引导他制订出合理的时间规划，那么有些短期的梦想可能就被错过了。等到孩子日后回想起来，恐怕只得徒留遗憾。

（三）不要使偏了力气

梦想的存在和对时间规划的制订，能让生活更加充实。但是，家长也不能为了孩子早日实现梦想而总是催促，或总拿出这个规划来训诫孩子。比如，不要一张口就是："你整天说要当宇航员，现在连物理试卷都做不好，我看这才是白日做梦。"也不要总说这类话："你不是梦想考取重点高中吗？天天说，也没见你好好努力。"

除了不能用频繁的唠叨和否定来挫伤孩子的积极性之外，最好也不要盲目使用物质或金钱奖励的手段“引诱”孩子。要知道，梦想是孩子自己的想法，时间规划也是以孩子为主体制订的，这些都是孩子自己的选择，是他们发自内心愿意去做的事情，适当的奖励可以使孩子在实现规划的过程中获得动力、促进他们更加主动地前进，但这绝非时时奏效的前进动力。比如，一味只用物质或金钱奖励满足孩子，而不关注孩子在实践过程中经历了哪些具体的困难、有过哪些思想上的困惑、是否更加需要精神上的共鸣和激励，那么家长对孩子来说，心灵上的连结会越来越松弛，物质与金钱带来的副作用也有可能会迷惑孩子前进的视线,甚至扭曲孩子追梦的初衷。

而当孩子打退堂鼓，想放弃实现梦想的时间规划时，家长应及时给予引导和鼓励，帮助孩子梳理目前已经达到的目标、积累起来的成果，给出一些符合实际、有可行性的建议，让孩子尝试合理地调整既定时间规划，把走偏离的轨道正回来，让被打乱的节奏渐趋平稳。在这过程中，切忌简单粗暴地代替孩子做决定，或表现得比孩子还要焦虑、急躁。孩子虽然可能由于“身处此山中”而暂时迷失方向，但他也是最了解自己的规划和能力的人。家长需要尊重和信任孩子，只要在孩子表现出大幅度的懈怠与停滞时，起到提醒和点拨的作用就行了。

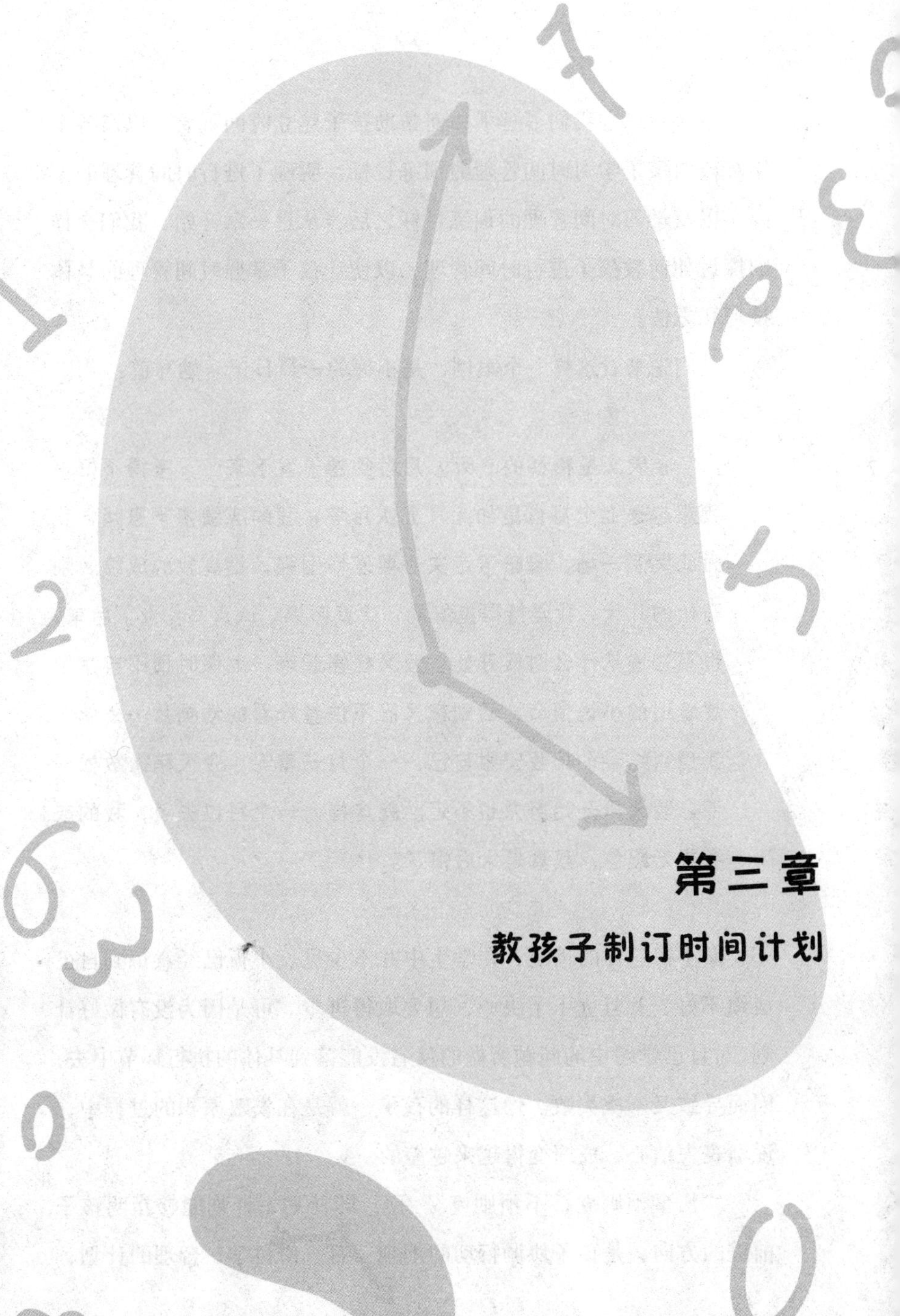

第三章

教孩子制订时间计划

在前两章，我们了解了如何帮助孩子建立时间观念，以及各个年龄段的孩子学习时间管理的训练目标。明确了进行时间管理的原因，以及学习时间管理的训练目标之后，从这一章开始，我们会详细探讨如何教孩子进行时间管理，以便让孩子掌握时间管理的具体技巧和方法。

我们先来看这样一个案例，是小梅的一篇日记。她写道：

· · ·

今天又是糟糕的一天。月考的卷子发下来了，考得不好。我想起来上个月也是如此。上次月考，我的成绩惨不忍睹，我为此哭了一场，暗暗下定决心要发愤图强，提高我的成绩。刚开始的几天，我坚持得挺好的，认真听课，认真写作业。后来，也不知道从什么时候开始，我又松懈起来，上课时情不自禁地想着追的小说情节，回到家又忍不住看好看的动画片……偶尔我也纠结过，但我安慰自己：一个月长着呢，今天稍微放松一下，明天再开始努力也不迟。就这样，一个月过去了，我的成绩毫无起色，我真是太后悔了。

· · ·

像小梅这样的情况，在学生中并不少见。小梅已经意识到自己成绩不好，并且立下了决心，想要取得进步。可是因为没有做好计划，对自己学习中的问题所做的反省没能落到具体的执行环节中去，因而导致又一次失败。像这样的孩子，就是在失败累积的过程中，逐渐丧失信心，成绩变得越来越差的。

“凡事预则立，不预则废。”预，即计划，计划能够指明孩子前进的方向，是孩子协调行动的纲领。有一份科学、合理的计划，可以保证孩子有条不紊地学习、娱乐、休息，因此制订时间计划是孩子应该掌握的时间管理技巧之一。

这一章，我们就为家长们分享教孩子制订时间计划、敦促孩子执行时间计划的方法。

教孩子制订短期计划

马克思在论述人的意识时，曾经说过："最蹩脚的建筑师从一开始就比最灵巧的蜜蜂高明的地方，是他在用蜂蜡建筑蜂房以前，已经在他自己的头脑中把它建成了。"也就是说人类在进行某项活动之前，其目的和意识就已经产生了，人们会自觉地按照既定目的去设想、规划和安排实施，以实现目的。大至国家的发展、企业的运营，小至个人的成长，都有自身的目标。要想达成目标，就要认真地准备和计划，孩子也是如此。

成年人做事大多能够有条理、讲顺序，按部就班，按时间节点完成。这其中很重要的一点就是成年人有时间观念，能够通过做计划并执行来把控做事的时间和质量。但是孩子的行为能力还不够完善，注意力集中的时限也很短，相对来说，缺乏计划的概念。因此，想让孩子把控做事的时间和质量，家长由教他们制订短期计划开始，是比较科学的。制订短期计划的难度不高，对事情每个步骤都提前合理地分配好时间，孩子只要按计划行事，就能有条不紊地做好每件事。当孩子通过完成短期计划获得成就感之后，再进一步学习合理分配时间，就更容易了。

此后，家长便可以放手让孩子自己尝试制订短期计划，让孩子在实践中慢慢掌握制订计划的技巧，养成合理分配时间的好习惯。更重要的是，有了时间计划，孩子那些浪费时间的小毛病也能在计划的实施过程中慢慢加以改正。比如，做作业动作太慢，早上起床后不知道先做什么后做什么，手忙脚乱找东西，等等。另外，孩子主动发现问题的机会和能力也能在按时间计划做事的过程中增多，这比出现问题家长一味训斥要好得多。

下面我们就具体来说说，如何从五个方面入手，教孩子制订短期计划。以一天的计划为例：

（一）让孩子写下短期计划的事项

让孩子在前一天晚上将第二天要做的所有事项写在专门的笔记本上，或是制作一张表格。表格的样式如下：

短期计划表

序号	事项	进度控制			重要程度	是否完成	未完成原因分析
		计划时间	开始时间	完成时间			

在此提醒各位父母：不要让孩子随手拿几张皱巴巴的小纸条来书写这份重要的短期计划，因为零散的小纸条会降低孩子对这份计划的重视程度，同时由于容易丢失，也会削弱它在孩子实施计划过

程中的督促作用。

孩子在笔记本上或短期计划表里写下一天的行动事项后，就不用担心忘记那些事项了。很多孩子喜欢在短期计划表上随意涂鸦，或是字写得潦草、混乱，这是很不好的习惯，家长要教育孩子端正态度，清晰、工整地书写计划表。

写好后，最好让孩子随身携带短期计划表。这样，无论孩子身在何处，都可以随时拿出来对照查看。

（二）为事项标注重要等级

孩子的短期计划表上可能罗列出很多条待办事项。家长需要提醒孩子按照这些待办事项的重要性，标注出它们的优先等级。重要的事情优先办，留够充裕的时间来办；不太重要的事情放在后面，根据具体情况调整时间和细节。

（三）让孩子预估截止时间

有一个普遍的现象：孩子常常会根据时间的期限来放松或抓紧做事的节奏。举例来说，假设一个三年级小学生正常做完 10 道数学应用题需要 60 分钟，而制订时间计划时，设置的完成期限是 3 个小时，孩子知道时间充裕得很，就有可能在不知不觉间磨蹭起来，甚至因被别的有趣的事物转移了注意力而搁下笔玩起来，直到期限将近，才匆匆忙忙拿起笔来写，即便在做题的规定时间结束之前答完了题目，也很容易出错。同样的题目，如果完成期限刚好就是 60 分钟，那么孩子明白时间紧迫，从而想方设法抓紧完成，不偷懒、不懈怠，认真对待每一道题目，就能既按时做完，又保证相应的正确率。

因此，做事前设定恰当的截止时间是非常重要的。家长需要引导孩子客观地预估自己完成每个事项的能力，从而据此制订出合适的时限。一旦设定了截止时间，就必须严格遵守，定时定量地完成任务。

（四）和孩子一起检查计划的合理性

制订好了短期计划，并不等于万事大吉了。父母最好陪孩子一起检查一下计划的细节。因为孩子刚学习制订计划的时候，考虑未必周全详细，计划往往还有需要进一步合理化的地方，例如需要根据实际可能存在的变数进行调整的情况。所以，在执行计划之前，父母有必要和孩子一起好好检查计划，充分考虑各方面因素，将计划加以补充和完善。

具体而言，父母可以逐条逐项地查看孩子的计划，检查有哪些步骤写得不清晰，并引导孩子把步骤写清楚。需要提醒父母的是：在检查的过程中，父母如果发现不合理之处，要给孩子讲解清楚为什么不合理，促使孩子主动改正，而不是一味地责备，或者直接代替孩子改掉。

另外，孩子制订的计划中有些步骤也可能是不可行的，比如时间不够用、两件事项的完成时间有冲突、就孩子而言所做事项难度太大之类。孩子刚开始学着制订计划时，往往对于自己做某件事的能力和所需花费的时间发生误判，加之孩子尝试新事物时对其感到陌生而缺乏清晰的概念，因此容易出现上述情况。这样一来，父母对短期计划的检查就要将重点放在时间安排上，要保证计划能帮孩子最大化地利用时间。

让我们来一起分析下面这个案例：

肖潇的周六计划表

序号	事项	进度控制			重要程度	是否完成	未完成原因分析
		计划时间	开始时间	完成时间			
1	写作业	2 小时	8:00	10:00	重要		
2	看动画片	1 小时	10:00	11:00	一般		
3	散步	0.5 小时	11:00	11:30	不重要		
4	吃午饭	0.5 小时	12:00	12:30	一般		
5	午休	1 小时	12:30	13:30	一般		
6	喂流浪猫	0.5 小时	13:30	14:00	一般		
7	舞蹈课	1.5 小时	14:00	15:30	重要		
8	去奶奶家	2 小时	16:00	18:00	重要		
9	给同学买生日礼物	0.5 小时	18:30	19:00	重要		
10	跑步锻炼	0.5 小时	19:30	20:00	一般		

肖潇做了一份详细的周六计划表，从早上 8 点到晚上 8 点一共 12 个小时，一共列出了 10 件要做的事，有 4 件是肖潇认为重要的事：写作业、舞蹈课、去奶奶家和给同学买生日礼物。

浏览计划表，我们会发现肖潇上午的时间安排得过于松散，下午又显得十分紧张。上午除了写作业以外，就没有什么其他重要的事了。上舞蹈课的时间是早就定好的，而去奶奶家也肯定是和父母商量好的。这两个时间段相对固定，那么完全可以把给同学买生日礼物的事调整到上午写完作业之后去做。如果按表中的安排，把买生日礼物的事放在晚上，万一遇到特殊情况，没有买到合适的，还要多找几家店铺，可此时也已临近一天结束，这件重要的事情就有可能完成不了。

另外，散步和喂流浪猫这两件事完全可以合并到一起来进行，万一前面要做的重要事情没有完成，需要延长时间，这两件事也可以取消。肖潇安排午休以后喂流浪猫，紧跟着就是上舞蹈课，没有考虑到交通时间，所以这部分计划也是不合理的。

肖潇还安排上午写完作业后用一个小时看动画片，这样有些浪费。对于学生来说，上午的时间是非常宝贵的，因为在这个时间段里，人的注意力更集中，精力也更旺盛，完全可以在这段时间内安排一些与学习相关的事项或探索新知识类的活动。那么，把看动画片的时间调整到晚上休闲状态下更加合适。

应该给写作业和去奶奶家这两个事项多预留些时间。因为写作业很重要，要保证质量；去奶奶家是家庭成员的欢聚时刻，涉及多人交往的情况，变数大，结束的时间较难预估。

我们重新调整计划，如下：

肖潇的周六计划表

序号	事项	进度控制			重要程度	是否完成	未完成原因分析
		计划时间	开始时间	完成时间			
1	写作业	2.5 小时	8:00	10:30	重要		
2	给同学买生日礼物	1 小时	10:30	11:30	重要		
3	散步、喂流浪猫	0.5 小时	11:30	12:00	一般		
4	吃午饭	0.5 小时	12:00	12:30	一般		
5	午休	1 小时	12:30	13:30	一般		
6	舞蹈课	1.5 小时	14:00	15:30	重要		
7	去奶奶家	2.5 小时	16:00	18:30	重要		
8	跑步锻炼	0.5 小时	19:00	19:30	一般		
9	看动画片	0.5 小时	19:30	20:00	一般		

（五）督促孩子执行计划

计划制订好了以后，父母要督促孩子执行。尤其是当孩子不能把完成计划当成一项重要任务时，父母要让孩子知道：完成计划是他自己的事情，是一份不可推卸的责任。如果不按照计划行事，想做什么就做什么，那制订计划还有什么意义呢？

在执行短期计划的时候，孩子最好能按照计划表上列的事项顺次一步一步完成。如果临时发现计划不合理，或者遇到突发状况需要进行调整，可以灵活处理，但至少要保证顺利完成计划中的重要事项。

教孩子制订长期计划

一个人的终极目标是由很多阶段性目标组合而成的。因此，家长除了要教孩子制订短期计划外，还需要帮助孩子学会制订长期计划。孩子学会了制订长期计划，有助于建立长远的思维模式。比如，在漫长的寒暑假里，怎么过才更有意义呢？假如孩子学会了制订长期计划，能够合理安排时间，他就能把假期生活过得充实而多彩。

对于刚上小学的孩子来说，除了寒暑假，每个学期也都需要一个长期计划来督促。否则，孩子上学时，机械地过一天算一天，上课就听讲、放学就回家，很快就会陷于被动，对学习产生厌倦感。而假如有一个长期计划，那么，孩子在学习和生活中主动性都会增强，按计划中的事项和目标去做，这一学期也会过得有条不紊又丰富多彩，上学自然也就成了一件令人期待和快乐的事情。

当然，在要考虑的事项和制订计划的方式上，长期和短期是有区别的。

短期计划的期限较短，孩子只要按照计划一步步完成就可以了。长期计划的期限较长，内容比较多，所以在制订计划的过程中，家长得提醒孩子把各方面的事情都想到，尽量考虑周全。孩子的想法通常是简单、直接的，甚至在他的脑海中，有些计划只是一种理想化的想象，等到真正执行的时候，却因为各种意外而不了了之。所以，家长要在孩子制订长期计划的整个过程中起到监督的作用。

那么，父母应该如何教孩子制订长期计划呢？为了更好地向大家讲述其中的技巧，我们以教孩子制订暑假计划为例：

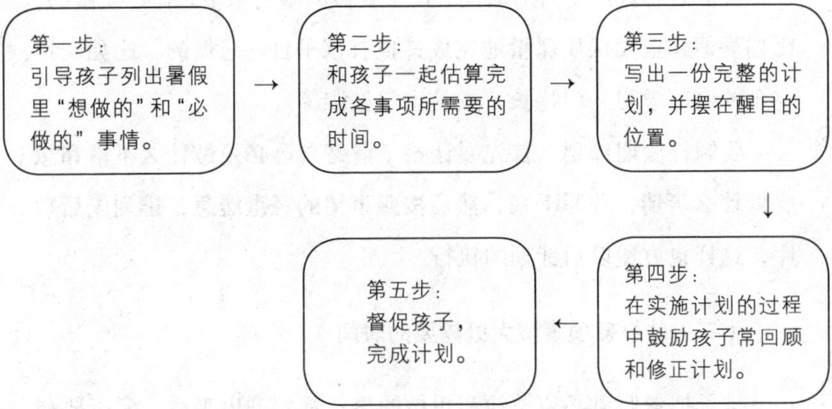

肖潇的2021年暑期计划表

序号	事项	进度控制			重要程度	是否完成	未完成原因分析
		计划时间	开始时间	完成时间			
1	写暑假作业	45天	7月10日	8月25日	必须做		
2	去青岛旅行	7天	7月1日	7月7日	想要做		
3	阅读名著	15天	7月10日	7月25日	必须做		
4	学打篮球	15天	7月26日	8月9日	想要做		
5	跑步锻炼	60天	7月1日	8月29日	必须做		
6	参加社会实践	4天	8月1日 8月8日 8月15日 8月22日		必须做		

（一）引导孩子列出“想做的”和“必做的”事情

暑假有将近两个月的时间，孩子要做的事情很多，有必须做的，比如暑假作业要保质保量地完成；也有孩子自己想做的，比如利用空余的时间学习一门特长，或是出门旅游等。

要制订假期计划，首先要让孩子清楚自己必须做什么事情和想要做什么事情，并写下来，然后按照事情的轻重缓急，排列先后顺序，这样也方便以后计划的执行。

（二）估算各项事情大概需要的时间

孩子把暑假里必须做的和想做的事情都罗列出来后，父母要和孩子一起估算各事项大概需要花费多长时间。比如，暑假作业应该是每天都要做的，也就是说，首先要安排好每天学习的时间；要出去旅行，来回路程要多久？到目的地之后准备玩几天？万一遇上火车晚点怎么办？这都需要做好打算；要学习一门特长，预计花多长时间？学到什么程度？每次学习多久？回家要练习多长时间？……都是需要明确列好的。

有了对时间长度的预估，计划的安排就会更为合理。

（三）完整地写出一份计划，并摆放在醒目位置

有了计划要做的事，接下来就要对时间进行合理的安排，并让计划在纸上成形。如果是一个时期内要完成的事项，就把那一段时间里的安排写清楚。例如，计划的时间期限是一整个暑假，就先写上:“×年暑假计划”。如果是需要在更长的期限内逐步实施的事项，则要将每天的安排都写清楚，形成习惯或惯例。

长期计划表可以和短期计划表配合使用。具体方法是把长期计划表中的事项拆分成短期计划表，甚至细化为每日计划表。比如在肖潇的暑期计划表里有去青岛旅行一周的安排。那么，就可以针对去青岛旅行这件事做一个相应的短期计划表，如下：

肖潇的青岛旅行计划表

日期	具体游览事项	携带物品	注意事项
7月1日	乘飞机到青岛，入住酒店	身份证、行李	
7月2日	游览天主教堂、总督府、基督教堂，市内随便逛逛	乘车零钱、身份证	
7月3日	游览崂山	防晒物品、身份证	
7月4日	极地海洋世界游玩	口罩、身份证	
7月5日	中苑海上广场、栈桥，乘船沿前海一线游览	乘车零钱、防晒物品	
7月6日	跟父母拜访青岛的朋友、购买旅游纪念品	礼物	
7月7日	收拾行李，乘飞机回家	行李、身份证	

计划一旦制订好，家长和孩子共同检查，确认没有问题之后，就可以把计划表放在显眼的地方，比如贴在房门上、书架上，以时刻提醒孩子按计划行事。孩子注意力集中的时间有限，因而要执行好这样一份长期的计划表，离不开父母时时的督促和鼓励。切记，

不能让孩子半途而废。

（四）要鼓励孩子经常回顾和修正计划

俗话说，计划赶不上变化。尤其对长期计划来说，在执行过程中，一定会出现一些不合理之处或因实际发生变化而不得不做出调整和改变的情况。另外，随着孩子成长阶段的变化和学习内容的改变，计划也要随之改变。那么，当孩子在执行计划的过程中出现问题时，我们应该如何处理呢？

一旦发现问题，父母应该及时提醒孩子对计划中不合理的地方进行调整，以适应新的情况。同时，父母也要鼓励孩子回顾以往任务的完成情况，自查有没有做得不好或敷衍了事的现象，积累经验，反省问题。这种回顾有利于孩子更熟练地制订其他计划。

在我们所列的计划表中，有一项是“未完成原因分析”。在回顾的环节，孩子就要把这一栏的内容填写清楚。等完成了整个计划表内的所有任务时，就可以做一个总结。这样做，能够帮助孩子在下一次制订时间计划表时有所进步。

（五）督促孩子完成长期计划表

与短期计划相比，长期计划时限很长，好比跑一场马拉松。执行时，要每天对照计划表做事，每隔一段时间回顾计划的阶段性完成情况，并及时调整计划和做事的状态，这需要长期的坚持才能完成。光靠孩子自己的力量完成长期计划表中规定的任务而不偏离事先设置好的“跑道”，是非常困难的，甚至是无法完成的。因为孩子总有懈怠的时候，特别是在经历了一个学期按部就班的学习之后，孩子正想通过假期好好地放松一下，却因为还有一个计划表约束着自己，容易导致厌烦和倦怠心理的产生。因此，父母要关注孩子在执行长期计划表期间的表现，适时督促孩子，当孩子遇到困难时给予鼓励和适当的帮助，在遇到时间节点时及时检查孩子是否完成了计划中规定的事项，是否达成了预期的目标等。如果孩子出现了偷懒的情况，父母还可以适当惩罚一下，提醒孩子要遵守计划。

不要让计划变成折磨

通过对短期和长期计划表制订与实施的学习，经过实践练习，相信孩子现在已经学会如何制订计划，也知道怎样实施计划了。但是，为了在有限的时间里做出更好的成绩，父母往往尝试让孩子列出一串长长的计划清单，然后逐条照着去做。很快，孩子发现，计划上列的事项从来没有做完过，总是完成几件，马上又有几件新的事情冒出来。这样一来，孩子就有可能为计划上的事项抓狂：“为什么我有这么多的事要做？”“到底要怎样才能做完这些事情？”“时间为什么不能再多一些？”……很努力地按照计划行事，但是等到天黑时才发现，最重要的事情还没有做。

于是，孩子会觉得计划表其实就是来“折磨”自己的。其实，如果我们能让孩子所列的计划合理化，事情就会完全不一样。不信的话，我们先来看看下面这个有趣的故事：

· · ·

19 世纪末 20 世纪初，英国有一位名叫查尔斯·施瓦布的人，他非常富有。一天，一个大约 12 岁的小男孩来找他，对他说：“施瓦布先生，我有个方法能够为您节省许多时间。我要把这个方法献给您。我要求的回报是，您试用这个方法一个月，判定它值多少钱，就支付给我多少钱。”

施瓦布先生答应了小男孩的要求。一个月后，施瓦布先生支付给小男孩10万英镑。

· · ·

你一定对这个结果感到无比惊讶吧，富翁施瓦布先生竟然支付了10万英镑给一个12岁的小男孩！什么方法竟值10万英镑呢？其实，这个简单而具有奇效的方法就是列一份“事项清单”。只不过，小男孩对“事项清单”规定的内容与我们所列的不同，他要求施瓦布先生每天入睡前，写下第二天要做的5件最重要的事情。他叮嘱施瓦布先生：“一定记住，是最重要的5件事。”

难道就这么简单？这就是价值万金的方法？的确，这个所谓的“方法”看上去人人都能做到。但仔细想一想，在现实生活中，有谁能够坚持按这个方法安排每一天的工作和生活呢？家长们，不如和孩子一起亲自尝试一下，你们一定会发现它的奇妙之处的。我们根据这个小男孩的思路，分析并提出一些罗列计划清单的小技巧，家长按技巧实施，奏效会更加明显：

（一）时间——每晚入睡前

要注意，让孩子写清单的时间不是在每天学习和做事开始前，更不是在每周一开始时，而是在每晚入睡前。

因为孩子在入睡前思考并列出重要事项这一行为会作用于潜意识。接下来，在孩子睡着的6～8小时里，孩子的大脑会无意识地思考自己所列出的事项。这样，这些重要的事项组成的清单，在孩子实际行动前就已经开始作用了，从而能帮助孩子在做这些事情的时候达到事半功倍的效果。

（二）让列计划成为一种习惯

任何事情都不是一蹴而就的，都有一个循序渐进的过程。想要计划清单发挥更大的作用，就要督促孩子更长久地坚持下去。而要做到坚持，最好的办法就是把它变成习惯。

一开始，有的孩子可能会觉得很不适应列计划清单。他们会觉得，只是列出 5 件最重要的事就要花上很长时间，更何况实际去做呢？但是，随着习惯的养成，孩子在列清单这件事上所花费的时间就会越来越短，对于该怎样列清单也会越来越熟练。

（三）用“写”开启承诺的力量

让孩子将 5 件最重要的事列在纸上，是非常有效的做法。

正所谓“好记性不如烂笔头”，孩子把事项一项一项写下来的同时，大脑通过书写的动作对信息整合、处理、输出，在这个过程中，完成了脑中和笔下对所记录事项的整理和复述，这些文字便会在孩子的大脑中留下更加深刻的印象，形成深刻的回忆。

另外，我们在前面说过，计划不能随便写在某张小纸条上，而要记到专门的笔记本上，或者做成表格，并在做完后放在醒目的位置。这个富有仪式感的程序会强化对孩子的心理暗示，如同做出了某种承诺，而承诺的力量会督促孩子去实现它。

（四）不多不少，5 件就好

让孩子把事项写下来，是一种很有效而又省时的方法。但有一个难题——如果孩子要做的事情太多，他们便很容易丧失行动的勇气。5 件事情则刚刚好，既能保证孩子对时间的利用率，又能避免因需要完成的事项过多而乱了头绪，继而丧失动力。

父母需谨记：让孩子列出的事项，最多只能 5 件！不宜再多。同时，这 5 件事情，必须是对孩子来说不那么容易办到的事情。是的，你们需要在脑子里给“5”和“最重要”加上着重符号。

在列写清单时，孩子难免要费力思考：什么事情对他来说才是真正重要的。通过下面的“待办→必办”事项清单，孩子可能会更有条理也更轻松地发现对自己来说真正重要的事。

事项清单

待　办	必　办
练习钢琴第 8 页曲谱	写语文作业
进行体育锻炼	练习钢琴第 8 页曲谱
买水彩笔	去探望爷爷奶奶
写语文作业	进行体育锻炼
去探望爷爷奶奶	收拾房间
练习骑自行车	…………
洗碗	…………
收拾房间	…………
和邻居家的猫玩	…………
取快递	…………
看电视	…………

孩子列出待办事项清单后，从一系列事项中挑选出5件最重要的，写到另一侧“必办”栏目下，就很轻松了，孩子很容易掌握。

（五）未完成的计划“平移”到第二天

孩子过完一天，发现“计划清单”上竟然还有两三件事还没有完成时，通常会感到沮丧、灰心。

如果孩子只是盯着没有完成的事情，就很容易就会陷入负面情绪，缺乏动力再坚持下去。

这时，父母应该引导孩子将注意力放在已经完成的事情上——既然孩子已经完成了好几件重要的事，也明确今晚计划清单上最重要的事项要列什么了，这不是很值得鼓励吗？

教孩子将大目标分解成小目标

从前文我们已经了解到，在列计划的时候，目标必须是明确的，否则孩子付出的努力再多，也会因为盲目而白费。当努力得不到回报时，孩子就会对计划产生怀疑，不会再按计划行事。那么，利用计划教孩子时间管理也成了一句空话。

我们在讲如何教孩子制订长期计划表时，也讲到过，可以把长期计划表中的事项拆分成短期计划表，或者说长期计划可以由许多个短期计划组成。但这些短期计划的组成顺序并不是随机的，而是经过科学合理的规划，一个推动另一个，递进导向长期计划的完成。实际上，计划的完成效果就是我们本节所说的“目标”。

俄国大文豪托尔斯泰有这样一句名言：“人要有生活的目标：

一辈子的目标，一个阶段的目标，一年的目标，一个月的目标，一个星期的目标，一天的目标，一小时的目标，一分钟的目标，还得为大目标牺牲小目标。”

没有目标地去做事，就像一支箭找不到靶心一样，毫无方向可言。对孩子来说，他也会迷失自我，不知道为什么而努力。所以，在教孩子制订时间计划时，我们要让他明确自己的目标，并且把目标牢记在心中。在每个人的潜意识中，都有一种类似制导导弹的自动导航系统，一旦孩子有了明确的目标，那么他的潜意识就会告诉他：向这个目标前进，最终达成目标。

我们来看一个有趣的小故事，相信这个故事会对你有所启迪。

· · ·

有一旧一新两只小钟被放到了一起，小旧钟对小新钟说：“你要开始工作了，你必须摆完 3100 万次。”

“天哪！3100 万次。”小新钟吃惊不已，“要我做这么大的事？办不到，办不到。”

小旧钟说：“不用害怕，你只要每秒钟嘀嗒摆一下就行了。”

“天下哪有这样简单的事？”小新钟将信将疑，“如果是这样，那我就试试吧。”

小新钟很轻松地每秒钟“嘀嗒”摆一下，不知不觉一年过去了，它摆了超过 3100 万次。

· · ·

面对一个大目标时，很多孩子会像小新钟一样对这个目标产生一种可望而不可即的恐惧感。这种时候，父母可以像小旧钟那样告诉孩子，执行计划时，只要想着今天我该做些什么，尤其是在最迫切的眼下我要做些什么，然后努力去完成，再看明天我将要做什么……就像小新钟一样，每秒“嘀嗒”摆一下，同时准备下一秒再“嘀嗒”摆一下，就这样经年累月，总能水滴石穿，达成目标。

很多孩子之所以半途而废，并不是因为途中障碍重重，而是觉得成功遥不可及。这种心理上的自我暗示很容易让人迈不开步子。如果我们能教孩子将大目标分解成若干个小目标，然后像跨栏跑那样逐一跨越，那么距离成功的终点就会越来越近。此外，将目标具体化，可以让孩子清楚当前该做什么、怎样能做得更好，以达到高效利用时间的目的。

那么，如何教孩子将大目标分解成若干个小目标呢？

（一）剥洋葱法

所谓剥洋葱法，就是像剥洋葱一样，层层解剖，和孩子一起把计划中的大目标分解成若干个较小的目标，再将每个较小的目标分解成若干个更小的目标，一直分解下去，直到孩子清楚地知道，应该立刻着手去干的事情是什么。

假设孩子有一个需要花几年时间才能达成的远大目标，那么运用剥洋葱法，可以先把这个远大的目标按年为单位分解成几个长期目标，然后把每一年的长期目标分解成以三个月为一个阶段的中期目标，接着再把每个中期目标按月分解成短期目标，继续分解出周目标、日目标。

父母最好和孩子一起分解目标。要让孩子看到，远大的目标是可以从遥不可及的时间长度一步一步被分解到每一日的，从而使孩子了解最近的小目标是什么。最关键的是，不管目标有多么远大，在分解时，越靠近当下，与其对应要完成的任务就越具体、清晰、可操作，尤其是眼下该完成的事情，做完计划之后当即便可执行。

朝着目标前进就像上楼一样，如果没有楼梯，从一楼到十楼是绝对上不去的，必须得一步一个台阶地走上去。每前进一步，达到一个小目标，就能使孩子体验一把“成功的快乐”，这种感觉能强化孩子的自信心，并将推动孩子发挥潜能，达到下一个目标。

（二）多杈树法

所谓多杈树法，就是引导孩子将自己的目标想象成一棵大树，通往终极目标的过程就好比树干，树干上分出若干条枝干，每条枝干上再分出更多的小枝条，每根小枝条上都长有小叶子，而这些叶子，就是孩子以现有的能力可以快速达到的小目标，也就是孩子眼下该做的事。

用多杈树法分解目标，具体的做法是这样的：

第一步：和孩子一起找出终极目标，这个目标就是树干；

第二步：和孩子一起分析，并写下实现这个大目标所需的必要条件，这些条件就是中期目标，也就是第一层树杈；

第三步：和孩子一起分析，并写下实现每个中期目标所需的必要条件，创造出这些条件，就是短期目标，也就是第二层树杈；

第四步：依次类推，直到写出所有“今天”应该达到的目标为止，这些目标就是树叶；

第五步：和孩子一起检查目标分解得是否充分、科学，从“树叶”一层层往树干反推，检查它们之间的关系是否合理、可行。如果所有的小目标达成后，就能完成大目标，则说明目标分解成功；

反之，则说明所分解的目标还不够充分，需要继续补充完善。

没有大到不能完成的目标，也没有小到不值得实现的目标。我们要教孩子像剥洋葱或是像分解树杈一样，将大目标分解成若干个小目标，再将每一个小目标分解成若干个更小的目标，一直分解下去，然后按照计划依次完成。这样，可以让孩子对计划中目标的合理性产生更清晰的认知，这对于孩子懂得时间的价值，充分利用时间更高效地学习和生活，是有很大帮助的。

我们以用一年时间提高英语成绩为一个大目标，来看看这个目标是如何被分解成若干个小任务的。

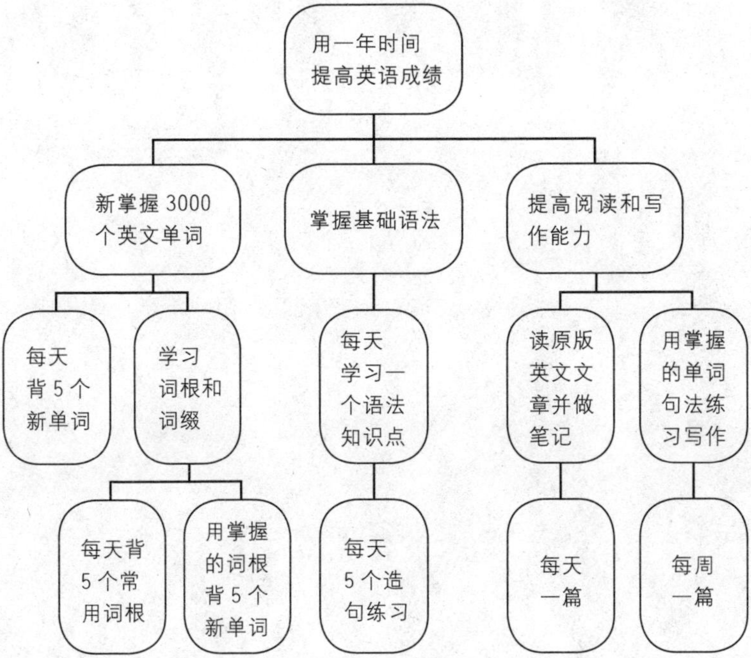

瞧，通过这种方式分解目标并一点一滴地坚持，一年过去，相信孩子的英语成绩必然能够得到提升。

好好计划每一天的生活。你希望和谁在一起？你要做什么？你要如何开始这一天？你要朝哪一个方向前行？你想得到什么样的结果？希望你从起床开始，一直到上床，全天都有妥当的计划。

好了，书看到这里，相信家长们已经知道如何教孩子制订短期计划和长期计划了。任何计划的实施都是要靠行动支撑的。那么，从现在开始，应用书里告诉你的方法，教孩子制订计划吧！愿你的孩子能成为一个合理安排时间的高手！

第四章

教孩子实施时间计划

让我们先来看一个有趣的故事：

· · ·

有一个很落魄的青年，每过一段时间就去教堂里祈祷："让我中一次彩票吧！"这天，他又垂头丧气地来到教堂，跪着祈祷："上帝啊，为何不让我中彩票呢？请您让我中一次吧！"就在这时，圣坛上突然发出了一个洪亮的声音："我一直在垂听你的祷告，可是，你最起码也应该先去买一张彩票吧！"

· · ·

这个故事告诉我们：一旦有了计划，就必须用行动去实现它。如果有计划而没有实施，有愿望而不能拿出行动来实现，最终愿望只能是泡影。只有下定决心，历经学习、奋斗、成长的过程，才有可能摘下成功的甜美果实。

通过阅读上一章，想来父母已经学会如何教孩子合理制订时间计划了。那么，计划制订好了，接下来便是如何实施的问题了。英国前首相本杰明·迪斯雷利曾说过，虽然实施计划不一定能带来令人满意的结果，但不实施计划就绝无满意的结果可言。因此，我们想要孩子学会时间管理，懂得利用计划来合理安排自己的时间，那么，就必须从实施计划开始。

几个技巧引导孩子实施计划

不仅仅是孩子，很多人都有这样的体验：计划做了，但永远也无法全部完成。有些人写完计划就把它束之高阁，等计划内规定的时间快流逝完了才一拍脑门：这次计划的事情一件都还没做！然后很快原谅自己：那就下次再说吧。有些人在执行计划之初热情满满，但计划中的事情只完成一部分就没有了后劲儿，虎头蛇尾，无法善始善终。

在一部分孩子的眼中也是如此——制订计划和实施计划完全是两回事。说归说，做归做，这些孩子似乎就没有考虑过认真完成计划，反而认为，制订计划就等于完成计划了。“光制订计划就够麻烦的了，反正爸爸妈妈知道我有计划就行了。”持有这样想法的孩子显然在做时间管理方面是被动的，把制订出来的计划当成敷衍父母的借口，好像“有计划万事成”，只要看到计划，爸爸妈妈就不会再唠叨自己了——做计划这件事，成了父母的“一厢情愿”。

还有一部分孩子虽然摩拳擦掌很想立刻把计划中的事项都实现，却不敢也不知怎样迈出第一步，只等着父母给自己“下指令”，推一步才走一步。

所以，当发现孩子只是制订了计划，却没有着手执行计划的自觉与主动性时，父母要及时观察、分析孩子的心理状态，并根据具体情况，有智慧地去提醒孩子，让他意识到，制订计划只是一个开始，实施计划，才是制订计划的目的，以及计划内容的核心所在。

关于如何引导孩子实施计划，我们提供了以下几个技巧，供家长们参考。

（一）冷静地告诉孩子怎样对待计划

· · ·

“怎么说这么多遍都记不住！你以为计划是贴在墙上当装饰的吗？”

“这是你的计划，不是我们的计划，爸爸妈妈帮不了你。”

“你怎么这么不让人省心啊，连个计划都做不好！”

…………

· · ·

这些都是父母因孩子没有完成计划而批评孩子时常说的话。看得出来，这些父母其实并没有告诉孩子什么是计划，只是不停地指责。由于不明白计划存在的意义，孩子自然会觉得，计划只是给爸爸妈妈交差的工具，不会认为它与自己有什么相干。

这真是个令许多父母头疼又一筹莫展的问题。我们先来看看下面这位妈妈是如何引导孩子实施计划的吧，相信你可以从中学到一些技巧：

· · ·

寒假到了。

体弱的琴琴为了改善健康状况，在妈妈的帮助下制订了一个晨练计划，每天要早起晨练 20 分钟。但是第二天一早，妈妈来叫她一起去晨跑，她却反悔了，还赖床。

妈妈先是催了两句，琴琴却一脸不耐烦，往被子里一钻，扔出来三个字：“我不去！”

妈妈很想发脾气，但是她忍住了。

冷静下来后，妈妈和蔼地对琴琴说：“宝贝，听妈妈说。我们做这个晨练计划是为了健康，对不对？如果不执行，为什么还要把它制订出来呢？妈妈相信，只要你按计划每天坚持锻炼，身体一定会越来越棒的。你觉得呢？”

听了妈妈的话，琴琴把小脑袋探出被窝，对妈妈说：“好吧，妈妈，我愿意尝试一下。”

琴琴离开了令人留恋的温暖的被窝，起床跟妈妈出门晨跑去了。

· · ·

事实上，孩子从能听懂大人的话开始，就会主动去捕捉和理解父母所说的话的意思。只要父母耐心地和孩子讲道理，厘清事情的来龙去脉，以平等的态度为孩子说明做事的目的和利弊，孩子自然是能够做出符合认知规律的判断与选择，愿意听从父母的建议的。

（二）引导孩子思考未来该怎么做

在现实生活中，还经常出现这样一种情况：计划执行了一段时间，孩子的新鲜劲儿也过了，开始懈怠，有一搭没一搭的，就渐渐执行不下去了，甚至彻底放弃。这时，有的父母又会批评孩子：“这么长时间，你都干啥了？该做的不做，没有毅力，以后还能有什么出息？！”但是，已经虚耗的时间回不来了，这样的指责不仅于事无补，还可能让孩子产生更加强烈的抵触心理。

出现这样的情况，父母最好能引导孩子思考一下：不能按计划去做事，对既定目标有什么样的影响？如果还想要朝着那个目标前进，未来应该怎么做呢？其实，哪怕此刻重新捡起计划中规定的事来做，也意味着此刻的时间并没有被浪费，只要重新调整计划，并且继续坚持下去，就还有机会抵达目标。

所以，既然孩子已经犯了错，再怎么批评也无济于事，父母更应该考虑的是孩子的未来，并引导、鼓励孩子继续努力、不放弃，而不应该一味纠结于已经浪费掉的时间。

（三）引导孩子主动寻求计划的帮助

· · ·

一次大考前，飞飞制订了复习计划。但在开始复习的第一天，他就无法集中精力，总想开小差。就这样，一天过去了，计划上列出的复习任务没完成多少，完成了的效果也并不好。

见飞飞有些毛躁，爸爸并没有批评他，而是让他早点睡觉。

第二天，爸爸提醒飞飞，复习之前好好对照一下计划表，一项一项地认真完成，最后跟头一天的复习效果做个对比看看。

飞飞沉下心来照做了，这一天结束时，他说知识点该掌握的一样也没落下，心里踏实多了。

· · ·

这个例子说明了一种情况，即孩子在执行计划的过程中状态不佳，如果不能及时改善，即便表面上按计划照做了，也不会得到好的效果，那么计划就不能真正起到作用，孩子以后也很难培养起良好的管理时间的习惯和能力。这种时刻，孩子是需要父母帮助和引导的。

请家长们注意，这种引导要自然，既不要强迫孩子执行计划，也没必要苦口婆心地“规劝”，因为在这种情况下，孩子并非不知道应该按照计划去做，只是还没能投入其中，也就感觉不到计划带来的好处。

引导孩子重新审视计划中的细节和要点，发自内心地认真对待计划，自然地品尝到顺势发展的结果，才是父母应该做的。一来，当孩子尝到按照计划行事的甜头时，他就会意识到：真正执行了计划，自己的努力就会有收获；二来，父母不过度干涉甚至“越俎代庖”，保持住孩子在执行计划这一行为中的主动性，对于孩子形成良好的管理时间的习惯也是很关键的。

当然，父母要把握好帮助孩子的节点。对于重要的、紧急的事情，一定要在还有时间挽回时，对孩子加以提醒和引导，及时鼓舞孩子执行计划的信心，激发其努力去执行计划的欲望和干劲。

提醒孩子回顾计划的执行过程

前文讲如何教孩子制订长期计划的时候，我们就已经说到了，要提醒孩子对计划进行回顾。其实，无论短期计划还是长期计划，在执行一段时间以后，父母都应该和孩子一起回顾，反省做得不够好的地方、总结好的经验和方法并坚持下去，这样做，有利于计划更顺畅地进行下去。

执行计划时，由于实际情形比预想中的更加复杂，因此会出现变数，这是很正常的。在执行计划的过程中，任何一件小事都可能对原有的计划造成影响。所以，经常提醒孩子回顾自己执行计划的过程、已经完成的事项的效果，孩子就能及时调整计划中不合适、不实际的地方。但是，无论怎么调整，都不能改变最终的目标，甚至取消计划。否则，孩子无论从规划和管理时间的角度，还是从意志力与执行力的养成上来说，都得不到必要的锻炼。

在执行计划的过程中，孩子的发挥不稳定也是正常的，难免出现这样那样的失误。而且，孩子本身也有可能擅自调整计划。比如说，某一天太累了，孩子什么都不想做，那这一天的计划可能就泡汤了，今天的任务就挪到了明天。遇到这种情况，家长就要开启“督促模式”，监督孩子完成计划，或者和孩子一起分析如何调整计划。

回顾计划的执行过程，还有个好处就是让孩子从已经完成事项所获得的成就感中汲取力量。当很好地完成了计划中的某个事项时，父母和孩子一起回头看看成效，父母及时地给与孩子鼓励：“原来你这么棒啊，做了这么多事情！”孩子心中的成就感和自信也会油然而生。渐渐地，孩子形成回顾的习惯，对自我也会形成一种激励，这比家长的鼓励更能让孩子开心，使其心中生发出继续前进的力量。

恰当地引导孩子回顾计划执行过程，我们可以参照以下方法：

（一）认可孩子的努力，引导孩子主动回顾

回顾最好是孩子的主动行为。孩子最初还没有这样的自觉和主动性时，家长需要承担这个“主动”的角色，可以主动来勾起话题，跟孩子讨论一下执行计划的过程，认可孩子的努力，特别是对他取得的进步提出表扬。

当然，一味的表扬也很有可能让孩子迷失，因此家长也要关注计划执行过程中孩子身上出现的问题，及时提出来。

提出需要孩子改善的问题时，家长要注意自己的态度——记住我们的目的是解决问题，而不是对孩子“挑刺儿”。否则，孩子内心容易产生逆反心理，如果对计划有了抵触甚至放弃的念头，就事与愿违了。

（二）选择合适的时间去回顾

回顾计划需要合适的时间和适当的频率。“三天一大回，两天一小回”并没有什么意义。这是因为，首先，计划刚开始，孩子还没有什么收获，也看不出什么问题。其次，孩子一开始总是有新鲜

感的，但对于执行计划的积极性来说，这最初的积极性并不代表什么，无论是实际操作中的问题还是孩子心态上的变化，都要到计划执行了一段时间之后才能显露出来。

那么，在什么样的时间点才适合让孩子回顾计划呢？

对于短期计划来说，执行到三分之一或一半的时候回顾一下比较好。长期计划，一般一周或者十天一回顾即可。

（三）合适的回顾顺序

回顾计划执行过程的方法有两种，一种是正向回顾，一种是倒叙回顾。下面，我们一起来看看这两种方法的具体操作方式：

正向回顾法	从计划的起点回顾，在脑海里快速地过一遍执行计划的过程。
倒叙回顾	从目前计划进行的情况回顾到计划制订的初衷。

正向回顾，就是按照时间顺序重新把计划梳理一遍。对于已经做过的事情，哪里做得好，哪里做得不好，孩子马上就能发现问题。

倒叙回顾，说通俗一点儿，就是从后往前推着回忆：先回忆最近做过的事，再一步一步回顾此前做过的事，想想自己是由于做过哪些努力才获得今天的成绩的，或者是由于什么样的错误决定，才导致现在计划的失败。

以上两种回顾计划的方法都可以为我们所用，但有一点需要注意：在回顾时我们要提醒孩子跟随计划的步骤，以免他出现记忆混乱的情况。尤其是倒叙式的回忆，它的时间顺序是倒着的，所以要格外梳理清楚。

（四）告诉孩子重点回顾哪些内容

在回顾的过程中，我们要掌握的重点是，让孩子反省自己在实施计划时表现得怎么样，收获了什么、失去了什么、吸取了怎样的教训。父母要引导孩子多动脑、多思考。但是，不要让孩子将注意力过多地放在那些与计划本身并没有密切关联的事情上，以免这些事情扰乱记忆，混淆重点。

推动计划顺利过“关卡”

我们提到过，计划只是对未来时间进行的理想规划，而在具体实施的过程中，可能会出现变数。这是正常现象，很多情况下，这些变数的发生，可能是由于计划在制订之初就不太合理造成的，也可能是客观条件发生变化造成的，原因多样而复杂，因此家长切忌武断地将计划不能顺利向前推进的原因都归因于孩子的懈怠。除此之外，还有一种可能性我们也不能忽略，那就是孩子对计划的态度。有的孩子一旦发现计划进展得不顺利，就会抱怨说：“妈妈你看，我就说这样计划不行吧，老出问题，浪费时间。”计划不当反倒成为孩子的借口，这显然是孩子对计划的认识出了问题。

当计划的实施出现问题，不管出于什么原因，作为父母，我们都应该站在孩子的角度去看待、去找原因。首先把注意力放在如何解决问题上，而不是第一时间去批评孩子。因为，追根溯源，孩子制订计划的时候，我们也有参与，那么一旦出了问题，我们当然也有责任与孩子共同承担、面对和解决。

那么，孩子的计划要是“卡”住了，该怎么办呢？这里有三个小方法供家长参考，先找出被“卡”住的原因，再一起想办法闯过“关卡”：

（一）跟孩子一起检查计划为什么会“卡”住

计划实施过程不顺利，总体来说可以分为两种情况，一种是客观因素造成的，包括制订计划时就由于考虑不周或预判不足而存在问题，或是在实施过程中发生意外，影响了计划的实施；另一种是孩子的执行力不够强，需要家长的督促、鼓励、引导和帮助。

关于第一种情况，当发现计划存在缺陷时，家长就要和孩子一起重新讨论计划的内容。比如：复盘计划实施的具体步骤，看看哪些步骤让孩子觉得有困难，或是让他感觉不适应。在不改变目标的前提下，可以适当调整计划内容和执行的方式。如果在实施计划的过程中才发现难度实在太大，对于孩子来说暂时还不具备全部完成的能力和条件，或者说有突发情况造成阻碍，让孩子无法按时完成计划，那么也可以酌情取消某些任务，或者降低任务的难度。

至于第二种情况，如果是孩子在实施计划的过程中出错了，那就看看他错在哪里，然后向孩子示范正确的做法是怎样的。在这里，再次提醒各位父母：不要随便批评孩子，正确引导比一味训斥有效得多。我们来看下面的例子：

· · ·

周末，倩倩计划花一个小时把爸爸的自行车擦干净。爸爸出门去办事了，两个小时后回来，发现倩倩还在擦自行车。爸爸很奇怪，问倩倩遇到了什么问题。倩倩苦恼地抱怨："我可太笨了，本来以为一个小时就能把自行车擦完，好去写作业。可是，过了这么久，还是擦不干净。"

爸爸观察了一下，发现自行车的前轮已经被擦得锃亮，可是后轮上还有很多泥垢，还完全没有清理呢。

爸爸乐了，带着倩倩一起擦自行车，边干边问倩倩："你是一个特别爱干净的孩子。所以一定把前轮擦了好多遍，就没有时间擦后轮了，对吧？"倩倩点点头。爸爸告诉倩倩，擦自行车是个小事儿，可也要有全局观念。可以先用湿抹布把自行车整体擦一遍，然后换一遍水，再重新擦一遍，看看哪里的污垢还没有擦掉，逐个处理干净就可以了。

"原来还要换水啊？"倩倩恍然大悟。

· · ·

在这个案例里，倩倩的爸爸为我们做了一个很好的示范。他发现倩倩擦自行车的流程有问题，但并没有指责倩倩，而是和颜悦色地带着孩子一起干，并告诉她正确的方法是什么。在这个过程中，孩子因为心情放松，又冒出来一个问题：没有换过水。所以说，跟孩子一起检查计划，指导孩子执行计划，才能更好地发现问题。

（二）和孩子一起闯过计划中的"关卡"

事实上，让孩子去实施计划，特别是长期计划，就已经不容易了。一般说来，年龄幼小的孩子做事是没什么稳定性的，随便一些小事都有可能转移他的注意力，计划也就因此而搁浅了。

当遇到这种情况时，父母首先要鼓励孩子，最好能够陪孩子一起克服困难，给他提供一些中肯的建议并以身作则。俗话说："团结就是力量。"当家人一起解决困难时，父母也会潜移默化地影响孩子。孩子会从内心产生责任感："原来这个计划很重要啊，爸爸妈妈都在参与这件事情，那我也要好好做。"

（三）及时把孩子"飞走"的心"拉"回来

当计划进行不下去了，孩子往往会将计划搁置起来。对于孩子来说，往往不会觉得计划进行不下去有什么问题，也并不会因此而烦恼，反而觉得轻松："终于不用完成任务了！"出现这种想法，说明孩子已经没有耐心了，身心也感到疲倦。

孩子对计划产生厌倦，进入倦怠期，这很正常。这种状态下，孩子满脑子想的都是怎么继续逃避计划。出现这种情况时，父母就要迅速引导孩子调整好状态，把孩子"飞走"的心"拉"回来，提醒并鼓励孩子："你已经做得很好了，现在半途而废不觉得可惜吗？我们相信你一定可以坚持到最后！因为阳光总在风雨后，收获总是值得期待和付出的。"

第五章

合理分配时间，做事分轻重缓急

进入本章之前，先请大家看下面这个案例：

· · ·

暑假的一个早上，木木按照暑假计划写作业。

写着写着，木木突然想起妈妈昨天要求他写一篇日记。由于担心被妈妈责骂，木木只好放下手头的作业，补写日记。

日记才写到一半，木木又想起和好朋友乒乒约好上午 10 点通电话的，可现在已经快 11 点了。于是，木木停下笔，给乒乒打电话。电话打过去，乒乒妈妈却说，乒乒出去玩了，没在家。

木木只好坐下来，继续写日记。他还惦记着自己制订的暑假计划，今天的任务可能又完不成了……

几经周折，木木一件事都没有做成，时间已经到中午了。

· · ·

这种现象对家长来说可能已经见怪不怪了。很多时候，我们感觉孩子虽然有了计划，也一直在按计划行事，可做事还是没有头绪，远不如预想中完美。这是因为生活充满了随机性，无法完全按照计划来执行。而孩子很容易忽视细节，做计划时很难做到细致周到，在实施计划的过程中又容易被计划以外的念头或突发事件扰乱步骤。比如，忽然想起还有别的事情没完成，便随意变换任务内容，导致原定计划被打乱，做起事来难免混乱，效率自然也就不高了。

正因如此，父母在教孩子管理时间时，需要重点教他合理分配时间，分清轻重缓急。这样，孩子在做事的时候，才能做到心中有数，遇事不慌，总体按计划执行，具体事件灵活处理，有条不紊。

教孩子学会"要事优先"

我们在讲如何教孩子制订时间计划的时候也专门说到了，事情的轻重缓急要分清。一天中安排的事项头绪不用太多，尤其是最重要的事不要超过 5 个。那怎样才能知道哪些事是重要的、要优先解决的，哪些事是次要的、可以稍后再处理的呢？

首先，我们得教会孩子审视自己的生活，也就是用自己的眼睛观察自己的生活。然后，对自己的生活进行梳理，搞清楚哪些事儿是着急要做的，哪些事儿是必须要做的。

（一）鼓励孩子观察自己一天的生活

· · ·

妈妈 A："这一放假孩子就玩儿疯了，也不知道作业写了没，整天就知道玩儿。"

妈妈 B："可不是吗？这一天除了吃饭就没进过家门，我说他，他还不高兴了。"

· · ·

类似上面的对话，相信很多妈妈都说过。孩子对认真思考自己的生活这件事，往往是没什么概念的。他们急于认识世界，而对于自己，则还没有主动、清晰地去认识和思索。表现在行为上，就是被动地等待家人和老师给自己安排每一天的作息和事务，主动性主要体现在玩耍和其他自己感兴趣的事情上面。看上去好像是过一天算一天，如果没有家人和老师的引导，对每天要做的事就没有合理安排，最终也没有多少实质性的收获，时间就这么被浪费了。

管理好自己的时间，实际上也就是管理好自己的生活。为了让孩子逐渐学会和掌握管理时间的方法，我们不妨以“一天”为时间限定，先引导孩子观察他自己一天的生活，深入了解自己的生活模式，为之后的时间管理做铺垫。

家长们请注意：不要对孩子过多干涉。孩子规划自己一天的生活时，我们只要尽量配合，搞清楚孩子的思路和他关注的重点，在这个基础上尊重孩子的做法，不要简单粗暴地把自己的想法强加在孩子身上。大人的生活模式仅供参考，而不能让孩子“复制粘贴”。我们要让孩子活出自己的风采，而不单单是成人的“复刻版”。

孩子越长大，自我意识就越强，生活模式也逐渐成型。在这个过程中，我们只需基于了解给出适当的建议就好，具体体现在帮他分析和纠正不太合理的地方，或者教他做具体事务的基本程序。毕竟，之所以让孩子观察自己一天的生活，目的就是让孩子有意识地认识他自己，发现生活中重要的事物是什么，从而意识到时间的宝贵，更加合理地管理和利用时间，尽可能多地做重要的事。

1. 鼓励孩子记录思考内容

自己的生活要自己掌握，自己的时间也最好自己规划。

假如把一天的时间交给孩子安排，就要让孩子考虑清楚这天有哪些事要做；什么事要先做，什么事可以先缓缓；会不会出现变故，有没有应对的方法……尽可能完善这一天的时间安排。家长可以时不时给孩子提个醒，但切忌追着孩子提问。

此外，我们要鼓励孩子把他自己思考的内容记录下来，不必写得很详细，只要用简短的词句表达清楚就可以了。这样简单容易记忆的内容，也方便孩子以后翻看，便于他迅速找到问题所在，从而进行整理与改进。

2. 提醒孩子适当地调整生活模式

随着年龄的增长，孩子日常可做的事会越来越多，除了起床、吃饭、玩耍、睡觉，他还会上学、开展课余兴趣活动、与人交往等，经历丰富多彩了起来，生活模式也自然要随之做出适当的调整。

· · ·

小花妈妈怕孩子太累，就没有给她报名参加任何兴趣班。

可是妈妈发现，小花每天除了上学、放学、写作业，就没有其他的事情可做了，很多时间里无所事事，没什么事物让她特别感兴趣，也没有玩到一起的好朋友。而小花的小伙伴不是学跳舞，就是弹钢琴，还有的在学画画。

妈妈担心小花和小伙伴没有共同语言，于是在征求了小花的意见后，给孩子报了舞蹈课。自从上了舞蹈课，妈妈发现，小花写完作业就会积极练习刚学会的舞蹈动作，主动唱唱跳跳，生活内容丰富多彩了，性格也开朗多了。

· · ·

孩子做事的能力随年龄和心智的增长而提升，在独立处理事务上，也会越来越游刃有余。为了孩子能更充分地管理和利用时间，可以引导孩子参加一些兴趣班和活动，逐步丰富孩子的生活内容。

3. 和孩子分享一下我们的生活模式

父母可以给孩子讲讲自己一天的生活模式，给孩子一点参考。不过，千万不要讲什么大道理，尤其像“我们这么做都是为了你”这类话。否则，就不是教导孩子学习管理时间，而是给孩子施加精神压力了。

在讲述的过程中，一定要有条理，最好是按照时间顺序叙述，而不要东一榔头西一棒子地讲。比如，从起床开始，第一件事做什么，之后又做了什么，一直讲到最后一件事。其间可以穿插进来个人的想法，分析一下为什么有的事情要排到前面优先完成，而有的则排到后面去做。

孩子在听的时候，初步有了一个模糊的概念。之后，我们就可以让孩子参考着制订自己的生活模式，并说出这样安排的理由，而我们从旁协助，最终做出最优的方案。

你是否也困惑过——自己明明比别人更加努力，为何却总是收效甚微？不要疑惑，也不要抱怨。先问问自己：是否把最好的时间留给了最重要的事情？也就是说，你有没有抓住时间管理的精髓？是不是真正要做的事情没完成，无关紧要的事情却做了很多？

孩子也是一样。很多孩子一天到晚“瞎忙”，直到晚上睡觉前，爸爸妈妈问他都学到了什么，做了什么有趣或有意义的事情，他却说不出具体的东西来。这是因为孩子做事的时候不分轻重缓急，将所有的头绪都杂乱地混在一起，因而最终什么都没做好。

作为父母，我们要教孩子在做事之前先确保“要事优先”。只有抓住一天事务中的核心所在，才能根据各事项的轻重缓急来安排一切。之后，按部就班地一件件去做，才能最大限度地管理好时间。

曾任美国国务卿的亨利·基辛格就说过：“以前，我经常按我认为合理的方式去处理问题，某件事情一直干到结束为止。后来，我明白必须先把问题放在优先次序中，并先处理那些重要的事。”

每天都可能面临复杂繁多的事项要处理，只要掌握了“要事优先”的原则，孩子就能将原本混杂在一起的几件事情整理出一个清晰的脉络来，排列出先后顺序。如此一来，就不至于将时间和精力浪费在一些无关紧要的事情上，效率也就能提高很多了。

（二）“要事优先”的具体方法

为教导孩子区分事情的重要程度，做到“要事优先”，我们提供两个好方法：

1.ABC 排序法

所谓 ABC 排序法，就是教会孩子根据每件事项的重要程度，按照最重要、较重要和不重要三种情况划分为 A、B、C 三类，然后再有顺序地进行处理。

“ABC 排序法”的具体操作过程如下图所示：

ABC 排序分类表

A 类事情	B 类事情	C 类事情
最重要的事 必须要做的事	较重要的事 应该做的事	不重要的事 可以不做的事
例： 明天要考试了，今天必须复习功课	例： 按计划锻炼身体，每天跑步 800 米	例： 给书房买两盆新的绿植

总体来说，在教孩子用 ABC 排序法时，三类事项所占的时间比例可以这样分配：

对于 A 类事项，孩子必须在短期内完成，需要立刻行动起来去做，而且要集中精神做到位。

A 类事项完成后，再做 B 类事项。如果时间紧张，可以适当推迟 B 类事项完成的期限。

对于 C 类事项，无论孩子多么感兴趣，都尽量少花费时间，甚至可以忽略不做。

2. 四象限排序法

人们在进行时间管理时，常常强调应该将主要的精力和时间放在最重要的事项上，而不要为一些无足轻重的小事花费太多的时间和精力。

于是，时间管理专家们提出了一套时间管理理论，即将事务从重要性和紧急性两个维度上来进行区分，从而得出四个象限，这就是“四象限法则”。

在四象限法则中，各事项被分为重要且紧急的、重要但不紧急的、紧急但不重要的、既不紧急也不重要的四类。

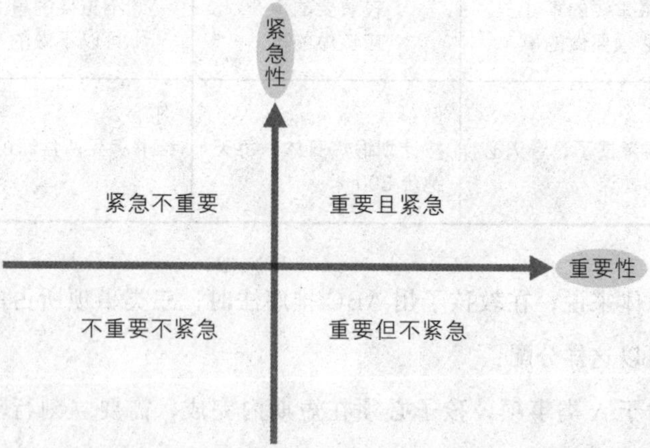

这四类事项的优先程度逐级下降，重要且紧急的事项优先级是最高的，既不紧急也不重要的事项优先级是最低的。

（1）第一象限：重要且紧急的事项

“重要”说明此事会产生重大的影响，“紧急”说明需要马上去办。这样的事一旦发生，就必须立刻放下手中其他所有事情，优先对此事进行处理。

比如：孩子贪凉吃冷饮吃坏了肚子，腹痛不止，这是既紧急又重要的事，必须马上去医院治疗。因为一旦耽误时间，让事态发展下去，事情的性质就会恶化，并且会让处理此事的人陷入越来越被动的局面。

（2）第二象限：重要但不紧急的事

“重要”说明此事会产生重大影响；“不紧急”说明我们在着手去做这件事之前还有一段准备时间，也许很长，也许很短。这样的事情往往不会马上发生，然而一旦发生了，我们就必须将它做好，而且不能出差错，否则后果就会非常严重。

如何对待第二象限的事项，取决于一个人的生活态度和工作态度。这类事项虽然重要，但因为不紧急，在生活和工作态度不积极的人看来，就显得没有那么重要了。

特别是当处于第二象限的事项没有一个严格意义上的完成期限时，很多人就会对此产生松懈，倦怠的情绪导致一再拖延，甚至将它遗忘在脑后。事到临头，他们才慌忙地去应对，却找不到恰当的方式。很多人的拖延症就是这样一点点养成的。

比如，为准备月考而制订的每日复习计划，因为周期长达一个月之久，执行一段时间后，孩子开始倦怠，觉得计划似乎也没有那么紧急、重要。在一天的时间里，把其他杂七杂八的事情都处理完了，复习还没有进行呢。一天两天不当回事，然而考试突然来临，才发现自己并没有做好充分的准备，悔之晚矣。结果也可想而知了。

这样一来，复习原本只是重要但不紧急的事，突然之间变成既重要又紧急的事项了。所以，如果我们处理不好第二象限的事项，那么它就有可能转化为第一象限的事项。

其实，在第二象限更容易做出成绩。因为：第一象限的事项时间紧任务重，难度相应也大，即便努力也不一定能做出很好的成绩；第二象限的事情虽然重要，但并非特别紧急，人们只要提前做好准备，准备充分后再具体实施，就能够有好的发挥。

准备时间恰好是我们储存能量的最佳时机，这就好比对于赛场上的每个运动员来说，正式参加比赛前，必须坚持不懈地训练，个人能力提升了，最后才能在比赛中取得好成绩。

（3）第三象限：紧急但不重要的事

这类事项时常给人造成假象——突如其来的紧迫感让人陷入焦虑和不安之中无法自拔，好像必须立刻处理不可。

有时这些事情还会让人忘记真正重要的事，转而对其投入大量的时间和精力，这是最糟糕的情况。遇到这种时刻，我们需要注意一点，就是不要因为急而乱了阵脚，因为越慌乱，就越容易将事情搞糟。

不是所有紧急的事都很重要，也不是所有重要的事都十分紧急。在对第二象限和第三象限进行区分时，一定要清楚“重要”和“紧急”之间没有必然的联系。

比如：小王独自在家，正在跑步机上计时跑步，突然看到家里的猫咪把玻璃杯碰倒了，碎了一地玻璃渣。猫咪把玻璃杯碰碎了，的确是需要紧急处理的事件，但它的重要性并没有那么高，可以等记时跑步结束再处理，也不会有太大的影响。不然，计时计到一半冲过来处理现场，之后又得重新开始计时；或者小王因为在处理玻璃渣的过程中心情受到影响，本来每天必须进行的跑步在这一天也可能就不跑了。

（4）第四象限：既不紧急又不重要的事

逛街、玩游戏、看电影、聚餐……这些事项通常情况下既不那么紧急也不那么重要。如果时间充裕，我们可以选择其中几项作为生活中的调剂。

但需要注意一点——有些事情的性质因人而异。比如，有的孩子由于饮食结构不合理、缺乏锻炼而过分肥胖，为了身体保持健康，需要通过调理饮食和锻炼身体来减肥。他因此每天都要进行体能训练，这对他来说就不是第四象限里既不紧急也不重要的事，而是属于第二象限的、不紧急却非常重要的事。

（三）理解孩子与成人之间的差异

参照我们讲过的“ABC 排序法”或“四象限排序法”，尝试引导孩子为一天的事做排序吧。开始之前，家长可以先问问孩子：

“你今天最重要的事情是什么？”

“哪些事情是你现在非做不可的？”

“为什么你需要完成这件事情？它是否对你很重要？”

“你正在做的事情是否最合适现在这段时间？”

…………

孩子充分思考有了答案之后，家长再为其示范，教他将所有事项以ABC表格或象限图示的形式列出来——哪些事既重要又紧急，哪些事重要但不着急立刻着手做，哪些事可以暂时忽略不做，就一目了然了。

一天一天地，把给事项排序、做取舍的行为坚持下来，形成习惯，孩子做事就会越来越有条理和章法，渐渐地，也能从学会管理一天的时间，过渡到管理一周、一个月甚至一年的时间。

在这个过程中，我们再次强调：父母不要过度干涉孩子，不要简单粗暴地将自己的想法强加在孩子身上。这是因为，成人和孩子看待问题的角度不同，很多时候对同一事物的看法也不尽相同，甚至会得出截然相反的结论。因此，当孩子观察自己的生活、判断哪些事情对他来说是重要事项的时候，我们主要应站在孩子的角度上考虑。只要不违背原则，家长就可以把排列事项优先顺序的权利让渡给孩子。

比如，孩子的学习成绩一般，家长打算让孩子暑假好好补习功课，而孩子却想上篮球班。我们不妨先站在孩子的角度考虑：孩子对打篮球感兴趣，这对于他来说就是重要的事。既要满足孩子的需求，也不能忽略文化科目的学习。我们可以跟孩子商量，先给孩子报篮球班，再根据时间的宽裕度，酌情给孩子安排补习一两门功课。当孩子在重点科目上有了起色、学习效率提高之后，再慢慢地将孩子的时间和精力投放到别的科目上。这种情况下，切忌不顾孩子的意见，让所有科目“一拥而上”，占满孩子的时间——这样的情况下，孩子既不能利用暑假时间投入自己心仪的体育活动，又带着情绪和压力被动补习功课，事倍功半，得不偿失。

（四）时间的不平均分配

有些家长可能产生困惑：那些不重要的、不紧急的事情为什么还要列进计划里去呢？逛街、看电影、和朋友上网打游戏，这些事既不紧急，又不重要，我们还要让孩子做吗？

会有这种疑虑的家长大多更加看重孩子的学习成绩。但我们要知道，这些休闲活动虽然相对于学习来说，的确没有那么重要和紧急，但也是生活中必不可少的一部分，对于孩子来说是很好的休息和调剂，让孩子的学习和生活具有了张弛有度的节奏感，也能反过来促进孩子学习的效率。

生活的节奏绝非一成不变，而是有快有慢的。所以，教孩子在安排时间时也要教他们学会把握节奏，做到“不平均分配”。具体说来，孩子上小学之后，日常生活中白天的主要内容就是学习，其他事情的综合时长不宜比学习时间更长。

在最初培养孩子管理时间的习惯和能力时，我们就要让孩子意识到：学习是他青少年时期的主要活动，因为这是为他未来具备更多生活和工作能力打基础的阶段，从这个角度来说，其他的事情的重要程度是无法和学习相提并论的，所以学习自然要在时间计划中占据更多的时长，这就是时间的不平均分配。

但这种所谓的“不平均”并不意味着玩耍和休息的时间可以无限让渡给学习，这也不符合孩子的身心成长规律和健康生活的需求。作为家长要观察并真正了解孩子的身心状况和他在学习上的接受能力，据此引导孩子分配和管理时间，并保证孩子每天的生活节奏都能保持相对平稳。久而久之，孩子就会形成良好的习惯，对时间的利用率也会越来越高。

希望做的事与必须做的事

上节我们讲到，家长可以利用“ABC 排序法”或“四象限排序法”教孩子列出事项的优先级，依据列出的事项清单来做计划可以事半功倍。但倘若脱离父母的引导和监督，放开让孩子独立列清单，行不行呢？

根据日常经验和孩子的心智发展规律来看，他们列出的清单一定不会尽如家长之意，也很难做到科学合理。在孩子的清单里，极有可能是他们出于本能想要做的事情更占据优先位置。

比如说，孩子会把“踢足球”当成是必须要做的事情。实际上，这只是他希望做的一件事情；而完成作业、复习功课、预习新内容这类必须好好完成的事情，对孩子来说可能不会排在前列，甚至还会引发抵触的情绪。

这种情形反映出一个问题，即孩子的理性思维还不够强健，感性思维是占上风的，所以他们往往分不清哪些事是自己“希望做的”，哪些事是自己在现实生活中“必须做的”。前者代表欲望而后者代表责任。为了帮助孩子在实际管理时间的过程中明白责任的重要性，学会更科学、合理而有益地规划自己的生活，我们可以从两个方面去分析这个问题。

首先，我们要意识到孩子都期待做哪些事情。

孩子既然将自己希望做的事情都列了出来，那它们可能是孩子的兴趣所在，比如画画；也可能是诱惑力强的新鲜事物，比如看动画片；还有可能是孩子期许已久的某个心愿，比如和爸爸妈妈一起去游乐园。

针对“孩子期许已久的事情”，父母一定要重视。我们一直强调，在教孩子学习管理时间的方法的过程中，要关注孩子内心的想法，不要对孩子的需求选择无视，因为这其中必然存在对孩子有益的方面，同时也暗藏着父母在处理亲子关系时需要反思的问题。

其次，要让孩子意识到他自己到底要做什么。

这是本节要重点讲的问题。很显然，在大多数情况下，我们都不能放任孩子自由安排他一天的活动。否则，结果可能是孩子将该做的、必须做的事情全都抛在脑后，而只专注于自己感兴趣的事，最终导致很多任务都无法按时完成。

综合上面的分析，我们首先还是要尊重孩子的意愿，但同时，也必须让孩子学会分辨事情的现实性和重要性。作为父母，我们需要做的是耐心引导孩子学会区分“希望做的事情”和“必须要做的事”，并进行合理安排，而不是直接告诉孩子该怎么做。我们可以这样来做：

（一）经常检查孩子所列的事项，并提出合理的建议

孩子对自己要做的事项进行选择和安排时，往往具有随意性。鉴于这种特点，当孩子列出事项清单之后，我们最好检查一遍，看看他对一天中重要的、必须完成的事项有没有遗漏，或者在时间安排上有没有不合理的地方。对于孩子过于“随心所欲”的安排，我们要委婉地纠正，和孩子一起分析这样筛选、排列事项和制订时间计划不恰当的原因。

（二）认同孩子的情感，理解他所关心的事情

孩子往往对他周遭的世界充满好奇，对新奇的事物尤其会表现

出浓厚的兴趣。从一定意义上来说，孩子认识世界、学习知识和技能的主要方式往往是通过游戏——这是孩子的天性，也是人成长的必然规律。

因此，当看到孩子在管理时间的实践中更加偏重于玩耍时，父母不能单方面认定孩子的想法就是错误的，更不能给孩子贴上“贪玩”“不知道学习”的标签，而应该综合考量，做到劳逸结合。

作为父母，我们首先应该认同孩子的情感需求。换位思考一下，我们就能理解孩子内心的渴望了。但在认同的基础上，我们也要提醒孩子，玩乐并不是生活的全部。更多时候，我们也要做一些自己并不喜欢但必须完成的事情，不能因为自己的喜好就把更重要的事情抛诸脑后。孩子明白了利害关系后，就能更好地听从我们的建议，合理安排时间了。

（三）引导孩子体会“希望”和“必须”的区别

最后，我们还要告诉孩子：什么是“希望做的事”，什么是“必须做的事情”。两者的区别如下图所示：

希望做的事情	希望做的事情都是能引发孩子兴趣的事情，可能会很好玩，可能会很刺激，可以满足孩子的好奇心，而且是孩子心心念念的事情
必须做的事情	必须要做的事情大部分都是很严肃的、很紧急的，要求孩子必须在限定时间内完成的事。这样的事会给孩子带来一种紧张感，甚至是压迫感

总的来说，孩子对“希望做的事情”充满期待，而对“必须做的事情”倍感压力，所以常常选择逃避。作为父母，我们理解孩子的心声，但同时也要引导孩子做更多有意义的事情。

当孩子弄清楚两者的区别后，我们还要提醒孩子，“必须做的事情”要保质保量完成。比如，如果没完成作业，第二天必然会受到老师的惩罚，所以尽管这可能只是一个小小的挑战，但完成后对自身是有益的，是值得去做的。久而久之，孩子也能够合理自主地排列“必须做的事”和“希望做的事”，也就能更好地管理时间了。

准备充分合理，顺利完成计划

俗话说：“不打无准备之仗。”不管做什么，我们通常都会提前做一些准备。比如，大到做活动之前小组开一个例会，模拟和熟悉活动流程；小到出门前洗脸刷牙换衣服，这都算作准备工作。

对于孩子而言，他们做事的特点表现为随意性强，也就是说，可能想到什么就做什么，而不会考虑条件成不成熟、时机对不对等问题，所以常常是在简单的事情上容易出错，应付复杂的事情时则手忙脚乱。作为父母，在教孩子学习管理时间的同时，也要提醒孩子做准备工作。要让孩子明白一个道理：工欲善其事，必先利其器。

· · ·

小风每天 7 点起床，出门时间是 7 点 45 分。也就是说，他在出门以前，有 45 分钟的准备时间。但是小风对这段时间没有明确的安排，常常是想到什么就做什么。比如，他有赖床的习惯。好不容易起床了，刷牙、洗脸、吃早餐、找书包，又磨磨蹭蹭的，等他出门的时候已经快8点了。有时候，他起床时发现袜子找不到了，整理书包时数学书不见了，完成的作业家长还没有签字，又得再多耽误一些时间。又或者，这天轮到他做值日，但他和往常一样出门晚了，到了学校之后，发现其他同学已经做好卫生了，迎接他的只有老师的批评。

· · ·

小风的例子告诉我们，哪怕出门这么一件小事，提前做好准备也是非常重要的。只有准备充分，才能顺利而及时地过渡到下一件事项上来，只有按部就班地做好每一个环节，完成每一件事项，才能高效率地完成所有任务，达到目标。所以，我们要引导孩子学习合理分配准备阶段的时间，这里有三个注意事项：

（一）先让孩子确定好都需要准备什么

做不同的事情之前，准备工作也各有不同，我们来看看这两个案例：

· · ·

案例一：

小静要和妈妈出门去超市，此时她已经换好鞋，拿着购物袋在门口等妈妈出门了。

案例二：

小静要去参加同学的生日聚会，这可忙坏了她。小静一会儿找衣服，一会儿换衣服，这件不好看换下一件，好不容易换好了衣服，妈妈还得帮她梳头，梳完头发还要检查一遍生日礼物有没有遗漏。全部确认好没问题了，小静才出门。

・・・

准备工作有简单的也有复杂的，就案例中的小静来说，出门前，有时只要拿好日常出门用到的东西就足够了，有时也可能要准备多项事务。因此，在分配准备时间之前，我们要先让孩子确定“要做的事是什么”，在头脑中列出所需要准备的东西或需要完成的事项；然后再对每一项所需要的准备估算时间，得出总共需要的时间；最后按部就班地去做，就能顺利完成任务，不至于瞎忙一通，还耽误时间。

（二）引导孩子合理分配准备时间

在完成一件相对复杂的任务之前，可能要做多项准备。这些准备工作的难易程度不一，所需的时间也就各不相同。

由于时间有限，我们可以让孩子先从相对简单的准备工作开始做起，用最快最好的速度完成，比如在早晨出门去上学之前，准备好写作业用的书本和铅笔等；然后再进行相对难一点儿的准备工作，比如请爸爸妈妈帮助检查作业并在作业本上签字，把红领巾系好，穿好鞋带等。

当然，我们也要提醒孩子，对于一些简单的准备工作，不要留太长的准备时间。否则，耗费了大量的时间来准备，那么留给正式做事的时间就不多了，不仅不能按时达成目标，还会浪费时间。

（三）提醒孩子不要准备没用的东西

做准备工作目的唯一且明确，是为了让孩子在接下来做事的过程中能顺利地把事情做好，然而有些孩子却错误地将准备工作当成了游戏，结果准备了一堆没用的。

· · ·

小天周日要跟爸爸妈妈一起去露营，爸爸妈妈让他自己准备好要带的东西。小天十分激动，一会儿跑进跑出，一会儿翻上翻下，没多久就搬出一堆东西。爸爸妈妈一看，睡衣、拖鞋、玩具、小人书等杂七杂八都有。

爸爸对小天说："我们是去露营，当天就能回来，不是搬家，你搬出来的这么多东西，有一些是用不上的，比如睡衣和拖鞋。也有一些可以带，但是你准备得太多了，比如这些玩具，挑一两件就可以了。再说，我们的车里也放不下这么多的东西啊，来来回回地搬运，岂不是浪费时间吗？"

· · ·

所谓有用的东西，就是跟接下来要做的事项有关的东西，是在做事的时候一定会用到的东西。那些与将要进行的事项无关的东西，就不要去准备了，以免浪费时间。这一点，我们要让孩子明白。另外，也要告诉孩子，准备工作是一项能使得自己在接下来的事项中"轻装上阵"的工作。把每一项准备工作的内容和所需时间及它们的排列顺序都明确之后，孩子就能迅速做好准备，接下来做事自然也就轻松了，对时间的分配和利用自然也就高效了。

第六章

积累零碎时间，变成“时间富翁”

零碎时间，看似不起眼，但胜在积少成多。如果孩子把每天的零碎时间都利用起来，那么对于孩子来说，这无疑是一笔“时间财富”。遗憾的是，现实生活中，大部分孩子都忽略了这些零碎时间，不知道如何利用它们，更不懂得节省时间的方法。所以，作为父母，我们可以让孩子学会利用零碎时间，成为“时间富翁”。

利用剩余时间，化零为整

在本节的开头，我们先来看一个有趣的例子：

· · ·

果果的妈妈通过考试，把会计高级证书拿回了家。

“妈妈，”正在皱着眉头啃数学题的果果放下笔，走过来，又佩服又好奇地问，“您每天要做那么多家务，还要工作，还要照顾我和爸爸，已经那么忙了，为什么还能考到这么难的证书？”

妈妈笑了：“很神奇吧，因为妈妈立体化地使用了时间，才能把考试的内容都复习好。”

孩子更好奇了：“立体化……那是什么东西？”

“就是妈妈会把那些零零碎碎的时间都利用起来呀，”妈妈回答道，“你也可以学着把零碎的时间利用起来，准会有新的收获！”

· · ·

其实，不仅孩子，在很多人身上，零碎时间都是被白白浪费掉的时间，而这些零碎时间加在一起的长度，都可以完整地做好一件事了。也就是说，有不少人对时间的利用率非常低，而孩子尤甚。不要再让那些零碎的时间白白溜走，而是要把这些段小如碎片的时间利用起来，合零为整，做自己能做的事，让自己的生活也变得丰富而充实。

不过，要真正做到有效利用零碎时间，也并不是一件容易的事情。有的父母自己可能都无法做到。比如，我们早上也会赖床不起，拿着手机占用厕所等。所以，想要教孩子学会利用零碎时间，我们就应该先好好审视一下自己，在这方面是不是达到了及格线。毕竟，我们要帮孩子找零碎时间，这对我们自己来说也是一种检验。我们只有在清楚地知道如何利用碎片时间的前提下，再去教育和督促孩子，才更有说服力。

那么，你准备好了吗？可以给孩子做好榜样了吗？如果答案都是肯定的，接下来，我们就可以继续参考下面的方法，具体而详细地看看，如何教孩子利用零碎时间了。

（一）引导孩子发现生活中的零碎时间

刚对时间有懵懂概念的孩子，通常会认为那些大块儿的时间才是值得重视和利用的；而对小的零碎时间，他们则往往都视而不见，这就导致了零碎时间的白白浪费。

所以，我们要引导孩子发现生活中那些容易被忽略的零碎时间。

什么是零碎时间呢？如果说我们的时间计划上所列出来的事项占用的时间是整体时间的话，那么零碎时间就可以包括上一章中提到的准备工作时间，还有休闲娱乐的时间。

比如，早上刷牙、洗脸、上厕所，这个时间段看似被使用了，但其实并没有被完全使用。这是因为，刷牙洗脸上厕所，都是一种习惯性行为，基本不用费脑子就能完成。那么，在这个时间段里，父母可以播放英语故事或诗词朗诵的音频给孩子听，在潜移默化中让孩子的耳朵“动”起来，把知识信息吸收到脑子里。这就是一个利用零碎时间的小例子。

又比如，在上学和放学的路上，我们当然要反复提醒孩子注意行路安全，但这也并不意味着这段时间是不可被利用的。有的孩子上学放学都由父母开车接送，那么在孩子的安全得到相对保障的情况下，父母就可以配合孩子将这个小段时间利用起来，做口头算术游戏，或玩成语接龙，或和父母谈谈心，讲讲学校里发生的事及自己一天的心情等。

类似的零碎时间还有很多，散步途中、洗澡时、睡觉前……如果这些时间都能得到妥善的使用，哪怕只是听一段故事、琢磨一个小创意，再或者回顾一下一天中计划的完成情况，想想接下来的一天要怎样度过，孩子也可以从中得到收获、享受乐趣。

（二）启发孩子思考零碎时间可以做什么

在很多孩子看来，零碎时间只有几分钟那么长，再长一点儿，也不过十几二十分钟的样子，转瞬即逝，在这段时间里能做什么，又适合做什么呢？

有这样的疑问，也许意味着孩子还不能很好地把握时间。

· · ·

楠楠的英语成绩总也上不去。她讨厌背单词、写英语作文，所以无论是在学校上英语课还是在家做英语作业，都提不起兴趣来，成绩也就很难进步了。

楠楠的妈妈想了个办法。暑假里，每天中午吃完饭到睡午觉之前，楠楠都要看会儿电视。妈妈把电视节目调到了英文频道，让楠楠跟自己一起看英语节目。有各种各样的纪录片，有英语新闻，有看上去炫酷又极具创意的广告。楠楠渐渐地喜欢上了这个频道，养成了中午看英语电视节目的小习惯。

神奇的事情发生了，开学后小测验中，楠楠的英语成绩大大提高，她和妈妈都很高兴，她也喜欢上了英语这门功课。

· · ·

可见，零碎的时间虽短，但由于孩子作息比较固定，那么即便每天在同样的零碎时间里做一点小事，只要养成了习惯，日积月累，这些时间连贯起来，也会如有魔法般发生神奇的质变。比如，在《中华诗词大会》节目中出场的选手里，就曾有人总结经验，说自己之所以能够熟练背诵那么多的古诗词，就跟每天充分利用零碎时间来读诗词、背诗词有关。

利用零碎时间做事的效果不是立竿见影的，但它就在无形中，让孩子比别人多了一些可利用的时间，这可不就是一笔不小的时间财富么？

（三）提醒孩子不要刻意“制造”零碎时间

零碎时间是在生活中自然而然产生的，也就是一种不自觉的产物。因而，一个人如果本来生活节奏就很紧凑，那么他可能并没有多少零碎时间。

但是，有的孩子可能刻意去“制造”零碎时间。比如，本来应该有一个小时的学习时间，他才学了40分钟就结束了，然后用那多出来的20分钟去打游戏，这是不可以的。

在确定好的时间内，孩子不仅应该把计划中的事项做完，还要保证质量，不能为求快而囫囵了事。倘若为了制造零碎时间而改变计划，那么不仅计划中的事项完成不好，在零碎时间里无论是玩耍还是做别的事情，也都不会有好的效果。

我们这里所说的对零碎时间的利用，是为了使孩子获益，或者养成一些良好的小习惯，而不能用来浪费。比如为了能早点玩耍而加快写作业的速度，这表面上看好像是节约了时间，其实很可能要以牺牲作业的质量为代价，反而降低了时间的利用率。

教孩子学会挤时间

总有孩子抱怨时间不够用。比如，绝大多数孩子都会有如下体会：早上的时间太紧张了！什么都做不完，即便有爸爸妈妈帮忙，有时候到了学校还是会发现有什么东西忘了带。就算速度再快，最后也会迟到。时间怎么可能挤得出来呢？

时间当然是可以挤出来的。就拿早上的这番混乱来说，其实解决的方法很简单。哪怕早起10分钟，孩子也会有相对充足的准备时间了。而早起，就是在挤时间。

说到这里，可能有孩子又会说了：“有那个时间，我宁愿多睡一会儿。不然，时间挤出来了，我该干什么呢？”的确，在孩子的心里，很容易会有一种印象，即上一件事与下一件事之间是没有什么缝隙的，也就是做完这件事就应该立刻开始下一件事。一旦两件事之间的时间段被腾出来，他就不知道该干什么了。这样一来，在孩子眼里，挤出来的时间就没有意义了。

我们要纠正孩子对时间的这种错误认知。上一节已经举例说明，在挤出来的时间里，其实还有很多事情可以做，比如更好地为接下来的事项列计划，或是了解一些自己感兴趣的事物。

那么，我们应该如何教孩子学会挤时间呢？

（一）挤出的时间要是合理的

挤时间也是一项“技术活”，不是说把原本该做某件事的时间完全挤掉而去做其他的事情。比如，原本该写作业的时间，孩子偏要挤出一部分去看别的书，这就是不合理的。如果因此导致他的作业没写完，那这个时间还不如不挤。但是，如果孩子能在掌握知识的基础上，善于运用各种学习技巧，从而提升写作业的效率，提前完成作业，那么省出来的这段时间就是合理挤出来的时间，他可以利用这段时间做其他的事情了。

挤时间的目的不能单纯地只是为了获得时间。家长要教会孩子综合考虑：自己的能力处于怎样的水平，到底需要花多长时间来完成正在做的事情。只有这样，挤出来的时间对孩子来说才是有用的。有时候，孩子可能给自己安排很宽裕的时间去做一件可以快速完成的事，这期间，家长就要注意提醒他集中注意力，提升速度，不要拖拖拉拉，尽量在限定时间内做好该做的事情。如果提前完成，还能省下一部分时间，可以做其他的事情，收获也会更多。

（二）挤出来的时间里可以做什么

当孩子学会把时间挤出来之后，就该教他学习如何利用这段时间了。时间既然是“挤”出来的，必然不会太长，也许只有几分钟，也许十几分钟，是标准的“零碎时间”。这也就意味着，可做的事情不多，也不能太复杂。此时就可以参考上节提到的零碎时间的利用方法，让孩子在这段时间里安排一些小事来做。

当然，就算没有其他的事情可做，看会儿书、锻炼一下身体，也都是可以的。我们可以引导孩子这样来思考：如果时间挤不出来，那么我就要认真地做该做的事项，保证在限定的时间里又快又好地把事情做完；如果时间能挤出来，我就开始看新买的那本书，一次看不多，但每次看几页，最终也能把书看完，而且还不占用过多的时间。

（三）合理利用挤出来的时间

能从原本安排好的时间里挤出零碎时间来，这对于有些孩子来说是值得兴奋的事情，因为他们会对这个挤出来的时间有一种“随便怎么都好”的心理。比如，一看到有时间腾出来了，孩子就会立刻陷入疯玩的模式，结果到最后玩过了头，下面的事情也没时间做了。这就是一个对挤出来的时间没能合理使用的例子。

因此，我们要反复向孩子强调：挤出来的时间也是宝贵的，能利用起来就不要浪费掉。好不容易挤出来了，最好能做点儿有意义的事情，而不是在疯玩中把它浪费过去。

利用早上的时间记忆

很多爸爸妈妈都觉得孩子记忆力不好，尤其是在语文学习上，花两天时间都不能熟练地背诵一首古诗。难道自己家的孩子记忆力天生不如别人？答案是否定的。很多时候，孩子不善于记忆的原因和他不善于利用时间有很大关系。

大家都知道：孩子的记忆力是可以培养的。假如我们能够引导孩子利用好早晨起床后头脑最清醒的这段时间，那么在日常生活中，也能很容易地提升孩子的记忆力，让他成为“记忆超人”，在学习上取得更好的成绩。

下面，来看看上小学五年级的熊兵是如何利用早晨这段时间的：

· · ·

熊兵经常向妈妈抱怨：“学好语文真难，特别是那些需要背诵的课文，我背了好几天都没背下来。昨天语文老师还让我背诵课文呢，结果我只背了几句，就什么也不记得了，被老师批评了一顿，丢死人了！”

妈妈看着意志消沉的儿子，笑着对他说：“儿子，不能灰心哦，什么事情都要慢慢来，心急不得的。妈妈记得你小时候能够背诵出很多唐诗，你的记忆力没有什么问题，比其他的小朋友还要好呢。只要你用心、努力，妈妈相信背诵一篇课文对你来说就是小菜一碟。”

听妈妈这么说，熊兵仔细想了想，觉得自己小时候的记忆力确实像妈妈说的那样好，那时候自己还经常被老师表扬呢。想到这儿，熊兵的信心渐渐恢复了。妈妈趁热打铁，说道：“儿子，你有没有发现早晨背诵课文效果非常好？但是你爱睡懒觉，不肯起床，所以这段黄金时间被浪费了。还有起床以后，洗脸刷牙的时间看似少得可怜，但是假如你能利用好的话，一天天积累下来，也能默背不少课文呢。”

听了妈妈的话，熊兵似乎明白了什么。“妈妈，我相信自己的记忆力没什么问题。我决定，今后每天早晨都要早起半小时背诵课文，把洗脸刷牙的零碎时间也利用起来！”

此后的每个早晨，熊兵都会早起一会儿，站在阳台上背诵课文。而且，每隔一段时间，他就专门抄写一篇课文和许多英语单词，贴到卫生间的墙壁上，方便自己在洗脸刷牙的时候背诵。在正确的方法和自信心的支持下，熊兵背诵课文的效率提高了很多。他发现，自己的记忆力的确变好了，每次语文老师布置下来的背诵作业都能轻松完成了。

· · ·

引导孩子利用好早上的这段黄金记忆时间，用最清醒的头脑来面对所要背诵的内容，效率自然也就会提高了。

下面分享一些提高记忆力的方法：

（一）鼓励孩子学会利用“多通道记忆法”

心理学家曾经做过这样一个实验：

· · ·

心理学家让三组孩子记忆一幅画的内容。

第一组孩子只被告知画的内容，却并没有看到那幅画；第二组孩子则正好相反，他们看了那幅画，却并没有被告知画上画了什么；第三组孩子“待遇”则好得多，既看了那幅画，又听心理学家讲解了画的内容。

过了一段时间，心理学家分别测试三组孩子的记忆效果。结果第一组孩子记住的内容最少，只有60%左右；第二组为70%左右；第三组最多，记住了90%左右的内容。

· · ·

这个实验告诉我们：只通过听觉或者视觉来记忆，效果并不是最好的。只有听觉和视觉并用，才能让记忆效果最佳。所以，家长想让孩子的记忆力变得更好，就必须帮助孩子在记忆的时候调动尽可能多的感官，启用尽可能多的记忆通道。

采用“多通道记忆法”，对学习语文英语等需要大量背诵的科目尤其有效。比如孩子在背诵课文或单词的时候，可以让他大声地朗诵出来，这样就可以同时调动视觉和听觉，比默默背诵的效果要好很多。

（二）引导孩子利用直观形象加强记忆效果

· · ·

彤彤觉得自己的记忆力比较差，她为此很是苦恼。有一次爸爸很“骄傲”地对彤彤说：“咱们家附近这些广告上的电话号码，爸爸都能记住。”彤彤不信，指着对面楼上一个送水广告牌上的电话号码说：“那记一下这个，等一会儿我检查。”

晚上，彤彤想起了这件事，便问爸爸：“爸爸，你还记得那个送水的电话号码吗？”“当然，61547894，对不对？”爸爸很轻松地说了出来。彤彤连忙跑到窗户前看了看那个送水广告上的电话号码，果然跟爸爸说的一模一样。

彤彤很惊讶，为什么爸爸看了一遍就能记住呢？彤彤好奇地问爸爸："快告诉我，你是怎么做到的？"

爸爸呵呵地笑了起来，他就等着女儿问这句话呢。

"这组电话号码虽然表面上看起来没有什么意义，但是只要将它分解成几个部分就很好记忆了。615，你想一想，咱家电话前面三个数也是这个吧？47就是咱家这栋楼的楼号，89则是你堂哥的出生年份，这些爸爸都知道，所以你一问，爸爸一联想，就知道送水广告的电话号码了。"

听了爸爸的话，彤彤吃惊地张大了嘴，原来还可以这样记忆，这回真是跟爸爸学到了一个好方法。

· · ·

心理学家研究表明：直观、形象的东西非常容易给孩子留下深刻的印象，所以当孩子记忆一些比较抽象的东西时，我们可以引导他将抽象的东西尽可能地具体化，和相对形象的东西结合起来，这样孩子就容易记忆了。

利用等待的时间学习

等待，是我们生活中经常遇到的事情。和朋友约会需要等待，排队坐车需要等待……这些零碎的时间充斥于我们生活的缝隙之中，却普遍被我们忽视掉了。对于时间观念不强的孩子而言，被忽略而白白流逝的时间就更多了。因此，如果我们能够帮助孩子意识到这部分时间的宝贵之处，让孩子学会利用这段时间做有益的事，那就意味着他们掌握了更多的时间财富。

我们来看看读高中一年级的胡玲玲是如何利用这段时间的：

···

胡玲玲读高中一年级，她喜欢跳舞，曾经在全市青少年舞蹈比赛中获得过高中组冠军。除了爱跳舞外，她还喜欢绘画，画作多次在学校组织的绘画比赛中拔得头筹。更让周围小伙伴羡慕的是，胡玲玲的学习成绩也非常好，在班级始终占据着第一名的位置，而且还是整个年级的“学习标兵”。

那么，胡玲玲是怎么做到跳舞、绘画、学习三不误的呢？周围的小伙伴都觉得一天眨眨眼就过去了，做好一件事情的时间都紧得很，做好三件事情就更不可思议了，他们都认为胡玲玲一定有不为人知的“秘诀”。

事实上，胡玲玲的确有自己的小秘诀：为了能够获得更多的时间来跳舞和绘画，她将自己的零碎时间几乎都利用了起来，特别是处于等待状态的时间。等公交车的时间里，她会背英语单词，等人或者排队的时间里，她会背课文或者搜集画画素材。此外，胡玲玲习惯随身携带一本书，一有时间就看几页，不断地积累知识。

正是由于这样井井有条的安排，胡玲玲才能掌握更多的时间。在胡玲玲看来，在等待的时间里能做很多事情，只要抓住了这些时间，好好利用，完全可以做自己喜欢的任何事情。

···

很多孩子总是嚷嚷着自己的时间不够用，以致背不下课文、记不住数学公式、背不过英语单词等。其实时间无处不在，只要善于发掘，就能拥有更多的时间资源。就像胡玲玲那样，利用好等待的每一分钟，就能做自己想做的事情。

那么，在日常生活中，我们应该怎样指导孩子利用好等待的时间呢？方法有两个：

（一）让孩子随身带一本书而不是刷手机

生活中，很多等待是不期而遇的。比如和别人约好了时间，但是对方临时有事，你需要再等半个小时才能见到对方。那么在这段时间里你能做什么呢？即使想做些事情，但是之前却没有任何准备，只能眼睁睁地看着这半小时被浪费掉了。

大多数情况下，孩子想也不想，立刻会掏出手机玩起来。作为家长，我们并不想看到这样的现象，所以有必要让孩子事先做好准备，比如让孩子的背包里时常装一本在读或想读的书，当等待不期而遇的时候，孩子就可以拿出书来读几页。

当然，如果觉得书籍太大携带不方便的话，我们也可以为孩子制作一些小卡片，或准备一个小笔记本，在上面写一段课文或者一些英语单词，既方便孩子随身携带，又能让孩子利用好等待的时间。

（二）让孩子自行决定做什么或不做什么

关于在等待的时间里做什么或不做什么，我们要充分尊重孩子的意愿。让孩子自行决定，切忌过多干涉，甚至强硬地命令孩子。

如果我们将孩子的等待时间演变成完成某些任务的“战场”，那么最终的结果可能是“兵荒马乱”，得不偿失。

利用睡前的时间复习

在孩子的零碎时间中，睡前这段时间占很大比重。合理利用好孩子睡前的这段时间，不仅对孩子的学习有很大帮助，而且思维上的暂时活跃还有助于改善孩子的睡眠质量。因为思维紧张之后紧跟着是放松，在这样的状态下入眠，孩子的睡眠状态往往出奇地好。

睡前的这段时间也是记忆的黄金时段。假如我们引导孩子利用好这段时间，让孩子在这段时间内复习一下白天学过的内容，就可以帮孩子有效地巩固记忆。

下面，我们一起来看看读初中的程然是如何利用睡前这段时间的，相信你也能从中得到些启迪：

· · ·

读初中二年级的程然，一直向妈妈抱怨自己记忆力很差。为此，妈妈仔细观察了程然放学后的活动轨迹：

放下书包，看一会儿电视或者出门玩一会儿；吃过晚饭后再写作业；作业写完之后时间就不早了，程然通常会坐在床头玩一会儿手机游戏，困了就睡觉。

妈妈觉得儿子之所以记不住白天学过的知识，和他不会利用记忆的黄金时间有关系。睡前的这段时间程然都用来玩手机了，却不知道这段时间看似零碎，但利用好的话，能帮他很好地巩固一天所学的知识，减缓遗忘的速度。

想明白了这些，妈妈便对程然说：“妈妈有一个方法，能让你增强记忆力，你想不想学？”程然的眼睛立刻发起光来，兴奋地问妈妈：“真的？不骗我？”

妈妈笑着说："当然是真的了。妈妈告诉你哦，假如你能在睡前回想一下白天所学的知识，你就不会那么容易忘记了！"

"真的这么神奇吗？我之前总觉得睡前这段时间好无聊，所以才会一个劲儿地玩手机，直到睡着。"程然对妈妈的方法半信半疑。

"管不管用你试试不就知道了，一个月后要是没有效果，妈妈就认输。"妈妈似乎很坚信自己的方法，在程然面前立下了"军令状"。

于是，为了让自己成为"记忆强人"，程然开始按照妈妈的方法做，睡前不再玩手机了，而是像放电影一样，将一天学到的知识在脑子中"过一遍"。就这样，一个月过去了，程然明显地感到自己的记忆力增强了很多，课文背得熟练了许多，英语单词也记住了很多，再也不像以前那样转眼就遗忘了。

· · ·

睡前这段时间看似微不足道，却是巩固记忆的黄金时段。在这段时间里回忆一天的所学，会促使大脑将短期记忆转化为长期记忆。而且，根据调查研究显示：即使在睡眠过程中，人的记忆也不会终止，大脑会对刚刚回忆的信息进行归纳整理和储存。

既然睡前这段时间如此珍贵，那么我们应该从哪些方面指导孩子呢？这里给父母提供两个参考项：

（一）让孩子回忆一天的学习内容

睡前的这段时间是孩子最放松的时刻，这时我们可以让孩子回忆一天所做的事情。比如，让孩子回忆一下今天学习了什么新的语文知识，英语老师又说了些什么等。

（二）和孩子讨论第二天的事项安排

我们还可以在睡前和孩子讨论一下第二天的事项安排。比如，要吃什么东西、学习什么知识、做些什么事等。第二天起床后，让孩子复述一下这天的计划。这样从合理安排时间和节省时间的角度来说，对于孩子也是一个很好的练习。

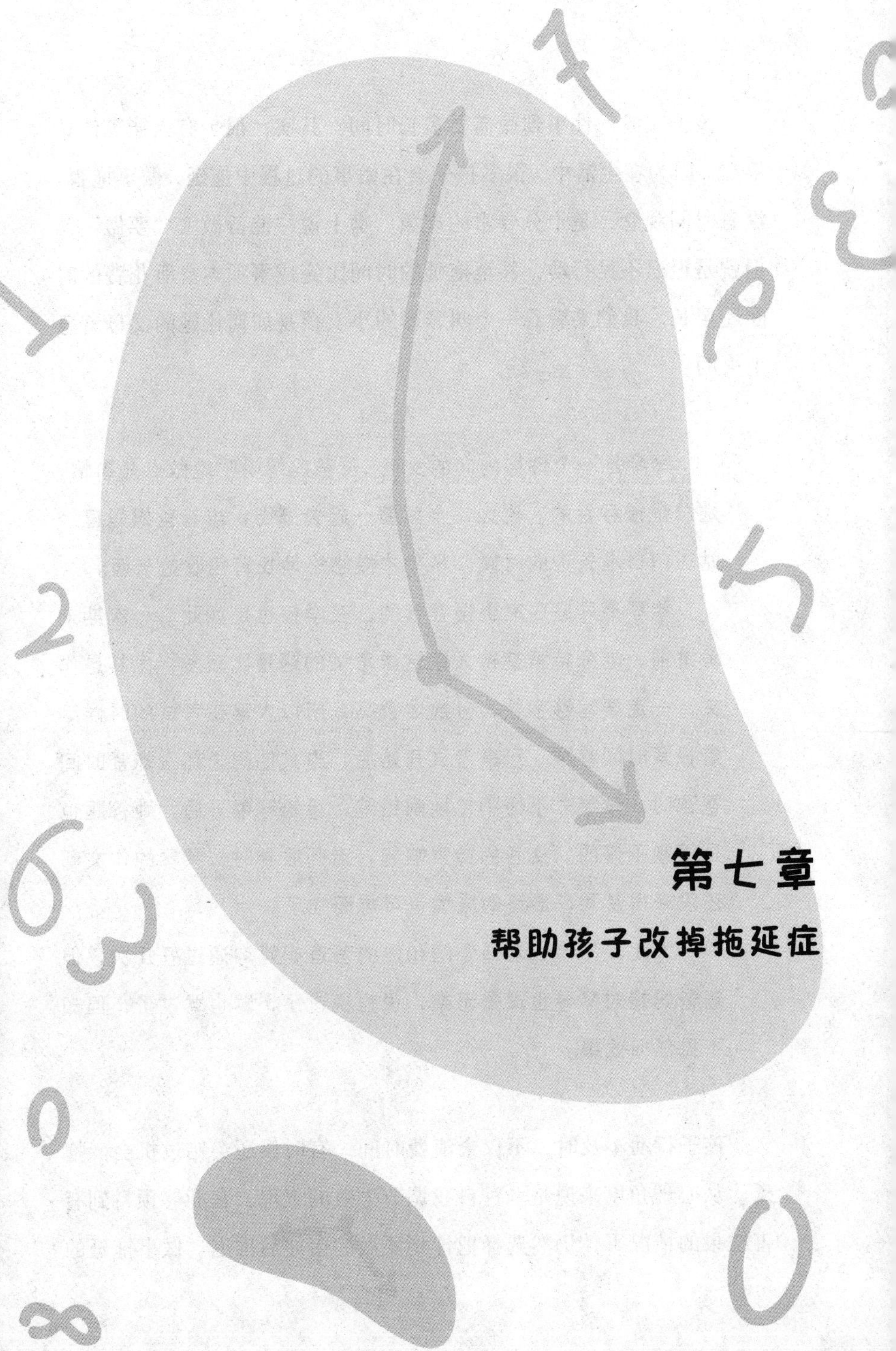

第七章

帮助孩子改掉拖延症

孩子完成一件事到底需要多长时间？其实，很少有人能算清这笔账。因为在生活中，很多孩子会在做事的过程中拖延，做事拖沓、没有时间观念，是十分寻常的现象。嘴上说“准备做”“要做”，但就是迟迟不见行动，甚至拖延的时间比完成事项本身所花费的时间还要长。我们来看看一个叫琴琴的小女孩是如何让她的父母着急上火的：

· · ·

琴琴是一个性格内向的女孩。爸爸妈妈吩咐她做点儿事情，她总是慢吞吞的。比如，全家要一起去逛街，当爸爸妈妈已经站在门口准备走的时候，琴琴才慢悠悠地找背包收拾东西。

琴琴不只是在家里慢吞吞的，在学校也是如此。一次期末考试前，老师特意交待大家这次考试的题量比较多，尤其是作文，一定要写够字数，分数才会高，所以大家在考试的时候尽量抓紧时间答题。可是考试开始后，当其他同学都在抓紧时间答题时，琴琴才不慌不忙地削铅笔，等铅笔削好后，她答题也是不紧不慢的。交卷的铃声响起，老师收卷时，琴琴的作文都还没来得及写，最终的成绩也可想而知了。

为此，琴琴的老师专门和她的爸爸妈妈沟通过好几次，但爸爸妈妈对琴琴也很是无奈，说也说过了，骂也骂过了，但却不见任何效果。

· · ·

孩子行动不及时，不仅会浪费时间，有时候还会错过机会。拖延，从心理角度来说是一种自我调节失败的表现，在能够预料到有害结果的情况下，仍然选择把计划要做的事往后推迟。做事拖延的人常常会有自责感、挫败感和自我否定的感觉，这是一种不好的心理状况。家长有责任帮助孩子改掉拖延的坏习惯。

改善孩子的自律性

有些孩子做事慢的原因在于他们是天生的慢性子。比如，早上准备出门，眼看就要迟到，父母都急得要火烧眉毛了，孩子还在慢吞吞地做着自己的事情，根本不把大人的着急放在眼里。

对于天生慢性子的孩子，我们不能说他是个“拖延”的孩子。比如，有的孩子虽然平时做事很慢，但有条理，而且准备充分，做事的质量也高。这样的孩子在关键时刻，能在日常做事习惯的基础上提升速度，也是可以提前完成事项的。对于这样的孩子，父母应该鼓励，因为这是一种冷静处事的作风。然而，不可否认的是，现实生活中的大部分孩子并不是这样，他们不仅日常行动上慢，关键时刻也是慢吞吞的，而且慢得似乎“毫无道理”。

那么，对于后者，如何改正其“慢吞吞”的习惯就变得非常重要了。在这里给家长们分享一种简单有效的方法。

（一）让孩子换位观察自己的“慢”

天生散漫、做事拖延的孩子，他们通常意识不到自己做事慢，或者并不认为自己做事很慢。如果父母在生活中找一个恰当的时机，让孩子也体验一下爸爸妈妈的“慢”，那么他就会对“慢”有新的认知。

我们来举一个具体可以操作的例子：

在周末，和孩子做“角色互换”的游戏，让孩子来扮演爸爸妈妈，父母来当一回“慢吞吞”的孩子。

→

游戏从早上起床开始，由孩子来负责一天的生活。首先，让孩子来催促父母起床。

↓

父母慢悠悠地从被子里出来，慢吞吞地穿衣服，慢步轻声地下床，不慌不忙地整理衣服……在做这些“慢”动作时，注意观察孩子的表情。如果孩子对此很着急，你就继续“慢”下去，不多做解释。

←

相反，如果孩子毫不在意，你可以引导孩子注意你的“慢”动作。最好能够“耽误点儿事”，比如耽误了孩子看他最喜欢的动画片；耽误他跟朋友玩耍的时间。充分让孩子体验“慢”造成的后果。

让孩子体验一次爸爸妈妈的“慢”，可以使他深切感受别人的“慢性子”会给自己带来什么样的感受，让他旁观到“慢”对做事而言有怎样的影响。这样可以让孩子明白做事慢会浪费多少时间，同时也能了解到别人对自己这种“慢”的心情，而这种了解，有助于促使孩子主动改变“慢性子”。

著名作家高尔基说过：“哪怕对自己一点小的克制，都会使人变得强而有力。”另一位著名作家塞缪尔·斯迈尔斯也说：“自律是品格的精髓，美德的基础。”可见，自律对一个人来说是非常重要的。

所谓自律，是指在没有人监督的情况下，做到自己要求自己、自己管理自己，变被动为主动，自觉地约束自己的一言一行。

对于孩子来说，自律能力直接影响他的学习、生活及良好人格品质的形成。在孩子成长的过程中，会遇到各种各样的诱惑，如果没有良好的自律能力，便容易被诱惑牵着鼻子走，离成功的目标也会越来越远。

如果我们对孩子进行观察，就会发现：自律能力差的孩子往往没有时间管理观念，表现为自由散漫，不守时，不遵守纪律等，在生活中也时常出现各式各样的问题。而自律能力好的孩子则有着良好的时间观念，做事有条理。

在这里有一则例子，我们一起来看看：

· · ·

晨晨今年 12 岁了。爸爸妈妈都忙于工作，对他的教育有些疏忽。晨晨渐渐地变得毫不自律，在学校，上课不认真听讲，不是跟同桌讲话就是偷偷吃东西。只有老师批评了他，他才能老实几分钟，几分钟过后又恢复原样。在家里，他从来不会按时做作业和睡觉，每次都是等爸爸妈妈三令五申，甚至直到惹得爸爸生气要打他时，他才会乖乖地写作业或睡觉。

为了改掉晨晨这样的坏习惯，妈妈开始加强对晨晨的管教，并和晨晨一起制订了一份“自律计划”。

妈妈首先让晨晨把他平时散漫的行为都写在纸上。比如，在家写作业拖拖拉拉、上课不听讲、不按时睡觉等。妈妈明确地告诉晨晨，这些行为都是不对的，并让他严格要求自己在一定的时间内改掉这些不好的行为。接下来的一个月，如果晨晨做得好，妈妈就对晨晨提出表扬；如果晨晨做得不好，妈妈也不责骂他，而是督促并鼓励他继续加油。

就这样，在妈妈的帮助和引导下，一段时间后，晨晨有了明显的变化：上课能认真听讲了，回到家里也能按时写作业和睡觉……虽然偶尔还是会出现不自律的行为，但只要妈妈稍加提醒，晨晨就立刻开始有意识地修正自己。

· · ·

让孩子拥有良好的自律能力，其实就是让孩子学会自我管理。让孩子从小养成自律的习惯，可以避免孩子产生不良嗜好，比如毫无节制地看电视、不按时写作业等。当孩子懂得约束和克制自己的行为，他就能够学会管理自己的时间，也就更容易获得成就感了。

在此，我们提供三个小技巧，帮助家长们改善孩子的自律性。

（一）通过讲故事来让孩子认识到自律的重要性

教育和培养孩子时，如果我们一味地批评和唠叨，不仅不能帮孩子改正这些行为，反而会引起孩子的反感。这时，我们可以采取讲故事的方法，来让孩子认识到自律的重要性。

大多数情况下，孩子很愿意接受生动有趣的故事。所以，我们可以搜集一些伟大人物的自律故事，经常给孩子讲一讲。当孩子听多了我们讲的有关于自律的故事，久而久之，就会认识到：自律的人才更可能成功，自己也要做一个自律的人。

（二）通过游戏训练孩子做到自律

游戏是孩子最喜欢的活动。游戏本身都具有一定的规则性，遵守游戏规则是参与游戏的基本条件。父母不妨将教育的内容放到游戏当中，用孩子最乐于接受的教育形式来引导他们。

我们和孩子玩游戏之前，就要跟孩子讲好游戏的规则。在玩游戏的过程中，如果孩子没有遵守规则，我们就停止游戏，告诉他只有遵守了规则，游戏才能继续。用游戏来训练孩子遵守规则，让孩子学会控制自己的行为，进而提升孩子的自律性。

（三）和孩子一起制订自我约束的规则

俗话说："没有规矩，不成方圆。"我们要培养孩子的自律性，就要让孩子知道哪些事情是可以做的，哪些事情是不可以做的。为此，我们可以和孩子一起制订具有约束性的规则，让孩子学有所据、行有所循，以此来控制自己的行为。

关于具体制订规则的方法，可以根据不同的情况来处理。比如，我们可以制订有关于起床的规则，在规则里写明孩子周一至周日的起床时间，让孩子按照规则行事。

规则制订出来后，孩子如果违反了规则，我们不可进行责骂，而要先鼓励孩子下次改正，告诉孩子怎样做才是正确的。当他慢慢学会坚持遵守规则后，他的自律能力就会逐渐提高。

孩子自律性的养成不是一蹴而就的，作为父母，我们要多关爱、多提醒、多鼓励，这样才能帮助孩子逐步形成自律的意识，养成自我控制的能力。培养孩子的自律性可以用一个比喻来很好地诠释：自律像一块肌肉，你训练它的时间越多，它就越强壮；稍不注意，它就消失不见了。从现在开始，按照本节告诉你的方法，培养和训练孩子的自律性吧！

避免孩子"磨洋工"

在现实生活中，我们总能碰到这样一种情景：看着孩子一直在写作业或练琴，可真正要让他说说做了多少作业或练习钢琴有什么体会时，孩子往往说不出个所以然来。这是为什么呢？因为孩子在“磨洋工”。

在如今这个强调“效率”的社会中，父母都希望自己的孩子获得更多的知识，希望他能更加优秀。于是，父母总是希望孩子在学习，只要看到孩子在玩，就觉得他是在浪费时间。

久而久之，父母的反应就会让孩子产生一种理解：我只要坐在书桌或钢琴前面就好了，这样爸爸妈妈就不会唠叨我了。于是，就出现了本节开头这样的场景，孩子装出一副正在学习的样子，其实大部分时间都在“磨洋工”——只出工不出力，时间在拖拖拉拉中全被浪费掉了。

对此，文文妈妈的做法有一定的参考性，我们来看一下她是如何做的：

· · ·

文文今年上小学 5 年级了，妈妈为了让他学习有效率，专门跟他一起制订了一个学习时间表。这个时间表是这样的：早上 6：00 起床，花 30 分钟复习英语；晚上吃过晚饭以后写作业，写完作业再用 1 个小时复习数学，接着用 20 分钟预习第二天要学习的功课，10：00 上床睡觉。

妈妈以为，只要文文按照这个时间表学习，他的学习肯定会很有效率，成绩也可以得到提高。但一个月之后，妈妈发现文文的成绩非但没有提高，反而下降了。通过观察，妈妈发现了一个问题：文文每天准时按照时间表学习，但是大部分情况下，他只是坐在书桌前面发呆，根本没有合理利用自己的学习时间。

为了改变孩子这种“磨洋工”的行为，妈妈和文文商量之后，调整了他的学习时间表，把早上起床的复习时间删除了，晚上的学习时间也砍半，让孩子有休息和玩耍的闲余。此外，由于文文喜欢弹吉他，妈妈还专门在时间表上给文文安排了弹吉他的时间。

又过了一个月，妈妈发现文文的学习效率和成绩有了明显的提高，学习时也不再“磨洋工”了，更重要的是，文文的学习兴趣增加了，开始主动学习，而不再等妈妈的催促。

· · ·

文文妈妈在时间表里给文文安排密集的学习任务时，文文并没有养成良好的学习习惯，反而出现了“磨洋工”的现象；相反，妈妈调整了文文的学习时间表，把学习的强度降下来之后，文文倒提高了学习效率。这又是为什么呢？

原因很简单。妈妈针对文文的情况，找出了他“磨洋工”背后的原因——没有得到充分的休息，玩耍的时间也不够。妈妈没有对文文责骂和唠叨，而是调整时间表，让文文有充分的时间做他自己喜欢做的事。可见，改正孩子“磨洋工”的坏习惯并不是一件困难的事，重要的是找出孩子“磨洋工”的原因，并用合适的方法来引导孩子高效地学习和做事。

那么，我们应该如何避免孩子出现“磨洋工”的现象呢？这里有三个有效的小方法与家长们分享：

（一）要求孩子在规定时间内完成任务

在一项任务开始之前，我们根据孩子平常完成同类任务的时间，算出孩子完成这次任务所需的大概时间，然后要求孩子在这个时间段内完成。等到了规定的期限，不管孩子有没有完成，都要求他立刻停止，做下一项任务。这样，孩子在做事和学习时，就会有一种紧迫感，会让他做事不再磨磨蹭蹭。

（二）不要让“包办”变成孩子的借口

在现实生活中，有一种现象值得我们警惕：有的父母认为孩子还小，看到孩子做事慢，就动手帮助他。结果导致孩子有了依赖心理，做什么事都“磨洋工”，等待父母来帮助。所以，作为父母，千万不要让我们的“包办”变成孩子“磨洋工”的借口。

在生活中，父母要训练孩子做一些力所能及的事情，哪怕他一开始做得并不好，我们也可以在一旁稍加指导，而不是直接伸手帮助他。当孩子把事情做完以后，无论结果是否令人满意，我们都要肯定他的行为，并鼓励他下次继续加油。当我们不再替孩子“包办”时，他就能主动想办法利用有限的时间把事情做好了。

（三）培养孩子良好的写作业习惯

对于已经上学的孩子来说，写作业是一个非常重要的内容。同时，写作业的时候，也是孩子最容易“磨洋工”的时候。为了避免这一现象的发生，我们需要引导孩子养成良好的写作业的习惯。

首先，我们要给孩子创造一个认真写作业的环境，让他安静地写作业。

其次，在孩子开始写作业之前，我们要提醒孩子做好准备工作：上厕所、喝水、准备文具等等。

再次，在孩子做好了准备工作，准备写作业的时候，告诉孩子，没有特殊情况不能离开座位干别的事情，必须专心致志完成作业。

“行动胜于空想。”大道理谁都懂，唯一的阻碍是你能否下定决心帮助孩子去改变。因此，从现在开始就行动起来，帮助孩子改掉“磨洋工”的坏习惯吧。

（四）培养孩子乐观的心态

在生活中，许多家长都可能发现这样一种现象：孩子高兴的时候，不管是吃饭还是学习，浑身上下充满了干劲，做什么事情都快；孩子不高兴的时候，就像泄了气的气球，觉得做什么事情都没劲，于是，时间就在拖延中被浪费掉了。

这说明一个规律：心情的好坏是影响人做事的效率的重要因素之一。为了更好地阐述这一点，我们一起来看下面这个案例：

· · ·

一直以来，妈妈都认为儿子康康是一个做事非常干练、很懂得时间管理的孩子，不管什么事情到了他手里总能快速地解决掉，从不拖延。但是有一天，妈妈却惊讶地发现康康变慢了，他在书桌前坐了半天，却没写出几个字来。

于是妈妈好奇地向康康询问原因，康康没好气儿地回答妈妈：“我心里不好受，不想写作业。”

妈妈觉得应该宽解一下儿子。妈妈对康康说：“妈妈现在也不是很高兴，来，咱们坐在沙发上谈一谈，聊聊为什么不高兴，好不好？”妈妈说完便拉着康康坐在沙发上聊了起来。

原来，康康下午和同学吵架了，而妈妈恰恰在单位和同事拌了几句嘴，情绪也很糟。妈妈打趣道：“咱们真是母子连心啊，连不高兴的原因都这么相似。”听妈妈说得这么幽默，原本还噘着嘴的康康一下子被逗笑了。

见康康变得轻松起来，妈妈趁热打铁道：“咱们不是经常听别人说什么‘五味瓶’吗？其实人生什么滋味都有，酸甜苦辣咸，一样也不少，这个时候就需要我们自己调节。如果妈妈因为生气就不给你和爸爸做饭吃的话，那家里岂不是要乱套了？所以吵架没什么了不起的，我们要学会往前看，过去的就过去了，现在开心最重要。”康康听着妈妈的话，觉得很有道理，不断地点着头。

最后妈妈微笑着问康康：“儿子，现在觉得怎么样，想写作业了吗？”康康笑着从沙发上站了起来，像鸟儿一样快乐地跑到了书桌前，专心写起了作业。

· · ·

相对于成人来说，孩子的心智还处在不成熟的阶段，不能很好地控制和调节自己的情绪，所以他们在学习和日常生活中很容易被情绪左右。就如同康康这样，只是因为和同学吵了一架，便拖延着不写作业了，将大量的时间都浪费在发呆和生闷气上。康康妈妈处理问题的方法很值得我们学习：她能站在康康的角度看待问题，设身处地地和康康交流，再加上她幽默的开导，最终将康康的心结彻底解开了，康康又快乐地去学习了。

相对于成人来说，孩子的精神世界是简单的。在他们的世界里，总体上来说，分为高兴和不高兴两种状态。不高兴时，他们由于认知能力的弱小，而不能及时摆脱负面情绪，不愿面对现实，导致拖延时间。

这个时候，作为父母的我们，应该找出孩子不高兴的原因，有针对性地帮助孩子尽快走出不高兴的状态。为此，我们需要静下心来，耐心地和孩子沟通，详细了解孩子的内心世界；然后站在他们的角度，贴合孩子的思维，提出合理的建议。

需要提醒各位父母的是：在和孩子沟通的时候，不要过于严肃，而要以一种平易近人的态度和孩子沟通。同时，也不要给孩子讲过多深奥的大道理，而是要用孩子乐于接受的方式说孩子能听得进去的话，帮助孩子摆脱不高兴的状态。在日常生活中，作为父母，即使工作再忙，也要花时间多观察一下孩子的情绪，注重培养孩子乐观的心态。

让孩子告别犹豫不决

什么叫“犹豫不决”？就是迟疑、拿不定主意。一个人一旦陷入犹豫不决的状态，就会思前想后，不停地权衡，最终既浪费了时间，又得不到想要的结果。因此，我们常说：犹豫不决的人，做事往往毫无效率。

大人们经常犹豫不决，孩子们也不例外。比如，我们问孩子，你中午想吃什么啊？他也许会想半天：“我吃什么呢？吃火腿肠还是吃青菜，要不要喝汤？”一旦大量的时间浪费在思考上，等到做事的时候，自然就快不起来了。

思思就是这么一个容易犹豫不决的孩子：

· · ·

五一假期来临。

放假第一天，妈妈问思思："你想去哪里玩呢？"思思想了想说："我想去动物园。"妈妈刚要答应，思思却又说："动物园好臭啊，我还是想去植物园。"妈妈说："那你到底想去哪里？"思思皱着眉头说："植物园有好多虫子，上次小新说科技馆很好玩，我也想去，但是游乐园我也想去。"

妈妈笑着摇头："像你这样选这个又选那个，总也决定不了，这怎么能行呢？"

思思听了妈妈的话有些着急了，可是越急，她越选不出来。就这样，假期第一天的上午，就在思思这"无止境"的选择中磨蹭过去了……

· · ·

我们虽然不提倡孩子鲁莽行事，但也同样不希望孩子变得过分瞻前顾后，把时间都放在左右衡量上。当机立断，才是能高效做事、管理时间的先决条件，而犹豫不决一定会使他变得拖拉。久而久之，形成拖拉的习惯，孩子在时间管理方面和做事效率上都会越来越差。所以，作为父母，我们要及时帮助孩子纠正犹豫不决的不良习惯，养成合理管理时间的习惯。

我们不妨试试下面三种方法：

（一）限时下决定

我们再回过头来看看思思的故事，看看思思妈妈是如何借助这个办法解决问题的。

· · ·

快吃午饭了，思思还是没有决定要去哪里玩。

思思妈妈看了看表，对思思说："这样好了，我给你最后3分钟，你再好好想想，最后给我一个答案。如果你还是不知道去哪儿，我们今天就哪儿也不去了。"

思思一听有些着急，可看着妈妈已经掏出手机开始进行倒计时了，她只得继续思考。

时间快到时，思思妈妈开始倒数："10、9……6、5、4、3、2、1，时间到！思思，你想好了没有？"

思思赶紧说："植物园。"

妈妈笑了："这不是能决定吗？为什么要等那么长时间呢？以后这个犹豫的毛病可要改一改了！"

· · ·

思思的妈妈采用的就是"限定时间做选择"的方法。这种方法"逼迫"思思不得不当即下决定。这种方法可应用于几个选项的利弊对孩子来说显然比较均衡，没有大的差别的前提下。

假如孩子即便时间到了也依然无法下决定，那么可以推断从目前的选项中做出取舍，对于孩子来说的确是个难题。此时我们就需要帮助孩子来分析不同的决定会产生的不同后果，然后鼓励孩子做出最终的决定。

（二）教孩子学会衡量"选项"

孩子为什么会犹豫呢？是因为在这么多的事项中，他无法确定哪个重要，哪个不重要，没有一个衡量的标准。想要孩子摆脱犹豫不决的毛病，我们就要让孩子学会衡量他可能要做的每一件事项。别说是孩子，有很多成年人面对选择都无法做出相对准确的判断。所以，家长们不要心急，当孩子的判断能力有所提高后，他对一件事做出选择的时间自然就会缩短。

面对问题时，首要要学会分析。父母可以先鼓励孩子自己分析，而我们从旁引导。让孩子试着按照自己的逻辑，为要做的事项排序，而后做出决定。对于孩子分析不足之处，我们可以指导补充，使做出取舍的理由更加充分、合理，从而提高时间管理的效率。

（三）帮孩子找到犹豫不决的根本原因

影响孩子犹豫不决的因素有很多。比如案例中的思思，我们在分析她迟迟决定不了去哪儿的原因时，可以假设一下：她是不是担心路程太远，旅程中太累？还是怀疑目的地没什么好玩的？或者认为爸爸妈妈只是随便问问，故而根本就没有认真考虑去哪里玩？我们只有深入了解孩子的内心，与孩子做充分的沟通，才能知道真正的原因。

相对于成人来说，孩子内心更加敏感，表达能力也弱得多。因此，在“打破砂锅问到底”的时候，我们要注意沟通的方法，照顾孩子的自尊心。如果问得太过粗暴、急躁，要求孩子立刻说出内心的想法，孩子会接受不了，甚至可能以后也不会对我们说真心话了。父母应该让孩子知道：爸爸妈妈是关心他、尊重他的。因此，与孩子交流时所用的语言要温和、简洁，态度上要沉着、冷静、有耐心，这样才能走进孩子的内心，找到真相。

为了帮助孩子改掉犹豫不决的毛病，我们在日常生活中可以仔细观察，在他相对熟悉因而比较有把握、犹豫时间短的事情上，让他自主选择，而且告诉他：一旦定下来就决不轻易改变。

我们要对孩子加强这样的训练，使他逐渐摆脱“选择恐惧症”。

（四）理解孩子的“创造性拖延”

拖延本身是一件令人不愉快的行为。怎么还会有“创造性拖延”这种说法呢？我们来简单解释一下。

首先，创造性工作的成果不是靠时间累积形成的。有时候，创造性拖延并不是真正的拖延，而是由于创造主体对事项本身没有好的想法或创意，所以没有办法立刻实施。就好比作曲家创作一首歌曲，硬憋是憋不出来好作品的，还会带来一定的反效果；相反，适度的拖延更容易产生创造力。

最典型的例子就是达·芬奇了，传说，达·芬奇画《蒙娜丽莎》花了四年才完成。他拿起画笔又搁下，一度觉得自己很失败。后来，他突发奇想，把光学知识运用到改进《蒙娜丽莎》这幅画的光感上，发明了“晕涂法”。这种画法最为明显的特征，就是将光线照射处和阴影部分完美结合，让两者看起来并没有明显的分界，形成自然的过渡，使整幅画具备一种朦胧美和神秘感。还有另一个传说：光是蒙娜丽莎的嘴唇，达·芬奇就画了12年，嘴唇上的涂层多达30多层。

达·芬奇画蒙娜丽莎究竟画了多长时间，至今没有定论；他给蒙娜丽莎画嘴唇的时间，也无法确切考证。但我们可以从这样的角度来理解：正是达·芬奇精雕细琢的艺术态度，才让这幅画流芳百世，成为经典和传奇。

拖延之所以让人变得更有创意，是因为当你准备去做一件事情的时候，脑子里会一直想这件事儿；这时候即便你手头做着别的事情，那件事儿仍然会在你脑子盘旋。这样，你就有了充分的时间反复思考，在这一过程中因为有别的事项参与，反而可能从中拓展思路、遇到新的灵感，最终的想法会更有创意、臻于成熟。

所以，当孩子陷入“创造性拖延”的时候，家长一定不能急于催促，得留给他思考的时间。

比如：周末孩子要完成一篇作文，或给学校的足球社团设计一个徽章。要做好这样的事，需要具备一定的创意。孩子本身无意拖延，但因苦于没有好的创意和成熟的想法去实施，表面上看起来就像是在拖延了。家长可以劝导孩子先去忙点儿别的事情，短暂地休息一下，留给大脑思考的时间，顺便从别的事项中捕捉灵感，转回来再做有创意性的事务，反而会得到意想不到的收获。

善于利用“约定”游戏

亲爱的家长朋友们，你们一定对孩子说过以下这类话吧：

“你再不下楼我就不管你了啊！”

“你弄完没？怎么每次都这么磨磨蹭蹭的！”

“怎么说半天都不动，把我的话当耳旁风是吧！”

“你们张老师可说了啊，今天再迟到要罚抄课文的啊！”

…………

家长看见孩子动作磨蹭的时候，总会忍不住啰唆几句来催促孩子，特别是要出门的时候，催促的频率会更高。孩子也通常因此而不耐烦，甚至会觉得爸爸妈妈是在“威胁”自己。就算家长初衷是为了孩子好，哪怕使出浑身解数，孩子们也照样不领情，反而还可能发脾气：“干吗呀，不是还早嘛，能不能别催了！”

其实，这也是孩子内心依赖性的一种表现。他已经习惯了由父母安排好所有事务，时间一长，就形成一种思维定式——爸爸妈妈会为我安排好一切，我不用插手。长此以往，孩子将永远不愿意自己去管理时间。而且，我们这种半是催促、半是强迫性质的约束，也会让孩子觉得管理时间既麻烦又没意思。

你有没有想过，我们为什么要把自己弄得这么不招孩子喜欢呢？其实，完全没有必要这么吃力不讨好。既然时间是孩子的，那就让他自己管理，形成自我约束力。说到这里，我们不妨和孩子用“立约定”的游戏试试看。我们来看一个案例：

···

培培是个一年级小学生。

上幼儿园的时候，培培妈妈觉得孩子还小，每次上幼儿园之前都给他把所有的事情准备好。现在上小学了，可忙坏了她，每天早上又要给孩子收拾书包，又要给孩子穿衣服，还要给孩子做早饭。然而，培培有时还是会埋怨妈妈太啰嗦。培培妈妈觉得孩子已经对自己产生了依赖，不能再这么下去了。

有一天晚上睡觉前，妈妈告诉培培：“明天早上 7 点 30 分我出门送你上学，在这之前，你要做好自己上学前所有的准备工作，包括洗脸刷牙。时间过了，你要是还没做完我就走了。”

刚开始培培特别不习惯，丢三落四的，有时候还哭闹。过了一个星期，培培进步了很多——头天晚上他会自己收好书包，并设好闹钟。第二天闹钟一响，他就起床刷牙洗脸换衣服，事情做得有条有理。妈妈看到培培的变化非常开心，也轻松多了。

· · ·

对孩子来说，这样的约定就意味着让他凡事有个目标，他必须自己安排好这段时间，不能超时。长时间坚持下去，孩子就会知道：原来时间是自己的，不能一直要爸爸妈妈来安排，自己的事情需要自己做，自己的时间也应该自己来把握。

不过，这里也提到了，孩子需要经过训练，那么这个训练就要有一定的技巧了。

我们首先要考虑到孩子的年龄特点。比如，对于年龄较小的孩子，特别是幼儿园阶段的孩子，我们的要求就不能太严格。因为这个年龄段的孩子刚开始有时间的概念，整体认知还不完全，我们可以慢慢引导孩子注意我们所说的“几点之前”“几点之后”是什么意思；在这段时间里，我们还要陪同孩子一起完成任务，让他感觉到最终的时间节点是怎样的。对于年龄稍微大一点儿的孩子，这个约定就要明确一些了。孩子具有一定的行动能力，可以让他自己去完成任务。但是也不要安排得太紧张，得给孩子足够的时间来安排事务，有时还需要一些缓冲的时间。

在做这个约定时，我们要注意以下几个方面：

（一）赏罚分明

跟孩子制订一个“奖惩机制表”，如下：

奖罚机制表

完成任务奖励（五选一）	未完成任务惩罚（五选一）
看动画片时间延长 15 分钟	玩游戏时间缩短半小时
户外活动时间延长半小时	多完成一篇课外练习
零花钱增加 5 元	完成家务活儿一次
买一本新课外书	禁止户外活动
和同学看一场电影	扣除零花钱 5 元

制订“奖惩机制”的时候要注意：

1. 惩罚要合理，避免罚站、打手心、不准吃饭等体罚。

2. 根据孩子的具体情况制订奖惩内容。

我们要让孩子知道，不遵守时间是错误的，但不能让孩子觉得不遵守时间是可怕的，否则只会让孩子产生逆反心理。

（二）明确时间

明确时间就是把任务的执行时间精确到分钟，说 15 分钟就是 15 分钟，别说“十几分钟”，否则孩子会不清楚自己该怎样安排，毕竟从 11 分钟到 19 分钟都可算在“十几分钟”之内。如果时间不明确，孩子也会无从清晰地分配或遵守时间。

（三）避免强迫孩子

什么叫约定？双方和平达成的协议才叫约定。如果是父母单方面命令孩子做什么，这叫强迫。我们不能直接说：“给你 5 分钟，把衣服穿好了，穿不好就给我光着出门！”同样的指令，我们可以这样说："宝贝，妈妈跟你比赛，5 分钟内，看谁先穿好衣服，走到门口。"只有心平气和地和孩子约定，他才会乐意照做。

（四）提前与孩子说好——"可超不可拖"

约定的目的就是让孩子有效率地完成自己该做的事情。所以，应该把迅速完成任务当作目标，不要拖拖拉拉、磨磨蹭蹭，能 10 分钟做完就不要拖到半个小时。可以踩点完成，但是一定不能延后，就像上学一样，可以提前到，但不能迟到。否则就算违约，即使任务完成了，也要接受惩罚。

在训练孩子的过程中，我们需要注意，不要让孩子过分依赖大人。一旦和孩子约定好了时间，没有特殊情况，就不要打扰孩子，而是让他自觉意识到时间的重要性。不管任务完成得完美与否，让孩子学会合理安排时间、用心珍惜时间，才是我们的最终目的，不是吗？

利用自我暗示的力量

所谓自我暗示，在心理学领域是这样解释的：通过主观想象某种特殊的人与事物的存在来进行自我刺激，以达到改变行为和主观意识的目的。而在"帮助孩子戒掉拖延症"这一话题上，引导孩子学会自我暗示可以起到一个良好的作用。

"还是尽早完成吧，时间不够了。""这么做，才能更好地达到要求。"类似这样的语言暗示，往往能在孩子准备拖延时引起孩子的警觉。

在教孩子自我暗示前，我们先来了解一下自我暗示的三个类型：

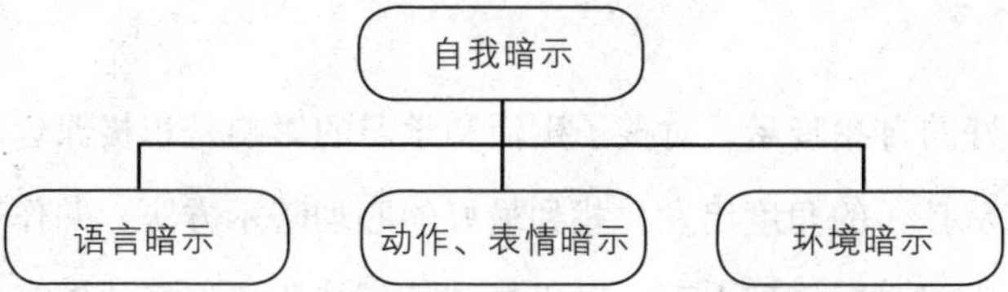

（一）语言暗示

如果孩子对自己说“这件事情有点难，留到明天再做吧”，那么，他自然会停下手中的事，拖延到第二天。所以，我们要告诉孩子，当他面对难题的时候，要经常反复地暗示自己：“我能行，今天一定会成功的。”自信和积极的力量会让孩子迎难而上。

（二）动作、表情暗示

一个人的表情和肢体动作，也可以被称作表情语言和肢体语言。它们对人有着非常强烈的暗示和自我暗示作用。其中一些良好的暗示可以促使孩子保持良好的心态，从容面对学习的挑战。

（三）环境暗示

环境暗示是一种不可抵御的暗示。因为我们总是生活在环境之中，环境构建了我们周围的一切。环境包括自然环境和社会环境。自然环境和社会环境融合在一起，潜移默化地构成了我们生活的一部分。

看到高山，我们会因为它的雄伟壮阔而变得庄重严肃；看到大海，我们会因为它的波涛汹涌而感到生命的力量。同理，对孩子来说，身处什么样的社会环境中太重要了——周围的人是热爱学习、积极向上的，还是浑浑噩噩、虚度时光的，将会对孩子产生不同的影响。

良好的自我暗示，对孩子生活和学习的影响是积极深远的。我们应该从孩子的角度出发，找到最好的心理暗示方法，并作用于教导孩子学习时间管理上面，以引导孩子保持积极昂扬的做事态度，避免事事拖延的恶性循环。

如何让自我暗示在孩子身上真正起到良好的作用呢？父母要注意多挖掘孩子的优长，多用积极、正面的话语来给孩子夸奖和鼓励，不断地增强他的自信心，这有助于孩子更加熟练地掌控自己的生活。

通用公司的首席执行官杰克·韦尔奇小时候口吃，常因此被别的小朋友嘲笑。他自己也非常自卑，很少说话，时间一长，性格就变得沉默且孤僻。妈妈为了改善他的这一性格，想了个好办法。有一天，妈妈对杰克说："你知道吗？正是因为你太聪明了，上帝才让你口吃的！"杰克听了，很惊讶，但也备受鼓舞，从此以后，他再也没有因为口吃而自卑过。后来他还在妈妈的鼓励下参加了学校的篮球队，凭着对篮球的极大热爱和执着赢得了教练和队友的认同。多年以后，重温学生时代的照片时，他才惊讶地发现那时候自己的身高只是队友身高的四分之三，而似乎谁也没注意他的这一身体"缺陷"。妈妈的鼓励和赞美伴随了杰克的整个学生时代，她总不吝于表达自己对儿子的欣赏和骄傲。这也成为杰克勇敢向前的动力，他在后来的人生中一直保持着乐观、自信与热忱，积极地投身于事业之中，最终成长为美国通用电气公司最年轻的董事长。

可见，孩子的最初认知往往源自父母的评价。如果父母积极主动地给予孩子正面的心理暗示，孩子就会重新审视自己，而不再过分在意自身的缺点和周围人们的评价。父母的夸赞会激励孩子不断地提升自己的能力，拓展自己的优长，勇敢地尝试新事物，这样孩子才能尽早发现自己擅长并适合的领域，投身其中，并做出成绩。

你会发现，这个过程中，原本可能浪费在自我怀疑、畏缩逃避中的时间节省下来了，而孩子一旦发现了自己的优长和想要为之探索和努力的方向，也就会积极地行动起来，何愁他管理不好自己的时间与生活呢？

（四）不妨把表调快 10 分钟

在现实生活中，许多孩子习惯于把事情拖到“最后一分钟”，认为这样可以迫使自己集中精力，从而最大限度地提高效率。殊不知，这种做法反而会带来麻烦与损失。比如，因贪恋几分钟的睡觉时间而吃不上早餐，或是因洗漱时间过长而导致上课迟到。

· · ·

小馨原定周末下午 2 点 30 分出去上舞蹈课。就在 2 点 25 分准备出门的时候，她才发现练习舞蹈要穿的衣服和鞋子还没有准备好。匆匆忙忙准备好所有的东西要出门时，腕上的手表已经指向 3 点整了。

· · ·

孩子在做一件事情之前需要一段时间来做准备。但是，问题就出在有许多孩子并没有预留准备时间，总是到了要行动的时候才匆匆忙忙地开始准备，从而延误了既定的行动时间。很多孩子因为拖延的毛病而吃了不少苦头，把本来可以按时完成的事情搞砸了。因此，为了避免发生这种情况，无论是家里的钟表、手机上的时间设置，还是孩子手腕上的智能手表，我们都不妨把它调快 10 分钟。

李嘉诚少年时代家境贫寒，曾为谋生当茶童。从那时候起，他就养成了一个习惯——总是把表调得比标准时间快 10 分钟，还定好闹钟。他每天最早上工，每天勤奋工作 15 个小时。后来自己创业做生意，李嘉诚保留下这个习惯，因此他以准时著称，无论工作还是聚会，从不失约于人，甚至成为商界美谈，人人为之称道。据说，他常对下属讲，早上安排要做的事情，下午必须有个答复或决定；假如事项繁杂，则一定得在 24 个小时内形成决断。

与李嘉诚的这个习惯相反，现实中许多孩子日复一日地花费大量时间做与学业或自己主攻方向不相干的事情。人生短暂，时间可贵，生命中的每一天都值得“计算”。所以，从现在开始，为了能够戒掉孩子拖延的毛病，多做些有价值的事情，不妨把表调快 10 分钟吧！

第八章

改正浪费时间的坏习惯

俗话说："一寸光阴一寸金，寸金难买寸光阴。"在如今这个快节奏的社会，时间比金子还要宝贵。然而，你的孩子可能还意识不到这一点，仍在肆无忌惮地浪费时间。作为父母，我们如何教会孩子做一个珍惜时间的人呢？这就是本章想要讨论的主题：如何帮助孩子改正浪费时间的坏习惯。希望通过本章的学习和对孩子的训练，你的孩子能成为一个珍惜时间、高效利用时间的"小能手"。

孩子不守时，父母怎么办？

在孩子诸多浪费时间的习惯中，不守时是最常见的一种。一个比较典型的例子就是：孩子每天上学迟到。

· · ·

一位妈妈愁眉苦脸地说："我也不想让孩子天天迟到，挨批评，可是我也没办法呀！每天叫他起床，怎么喊都喊不醒。好不容易等他起床了，刷牙洗脸，吃早饭，又要花个大半天。回头看看表，时间已经来不及了。孩子衣服还没换，书包还没收，这又是个问题。一早上弄得家里鸡飞狗跳。孩子自己也老抱怨，但还是迟到，到了学校还得给老师赔不是。老师问我怎么不好好督促孩子，我也是一肚子委屈啊，孩子的想法真的一点儿都猜不透。有时孩子还理直气壮地跟我说：'有什么好着急的啊，不就是迟到吗，只要我考试考得好，迟到算什么？'他这么一说，我是真的没辙了。"

· · ·

相信很多父母看到这位妈妈的抱怨，都会感同身受。但是，造成这种局面的原因，当然不能全怪孩子。我们只想着催促，却没有想到要好好教育孩子，让他意识到上学是他自己的事情，要学会守时。显然，如果要教孩子学会守时，我们和孩子都要有所转变。

（一）赖床的小孩

看到孩子睡得又香又甜，每个父母脸上都会洋溢出灿烂的笑容。可要是上学的日子里孩子赖床不起，相信就没有一个家长会笑得出来了。

为了使孩子准时起床，不把宝贵的时间浪费在床上，父母往往是“费尽心机”。有的父母很早就叫孩子起床；午饭后让孩子休息，自己却不休息，而是等到时间了，叫孩子起床……这些方法可解决一时之问题，但却不能解决根本问题。而且，时间长了，孩子还会形成一种依赖心理，就是醒来也不愿起床，只等着父母来叫自己。

1. 找出孩子赖床的原因

要解决孩子因赖床而浪费时间这个问题，我们首先要找出孩子赖床的原因，通常可分为三种：

（1）睡眠不足

孩子晚上睡得太晚，早上要按时起，就会导致睡眠不足。不管

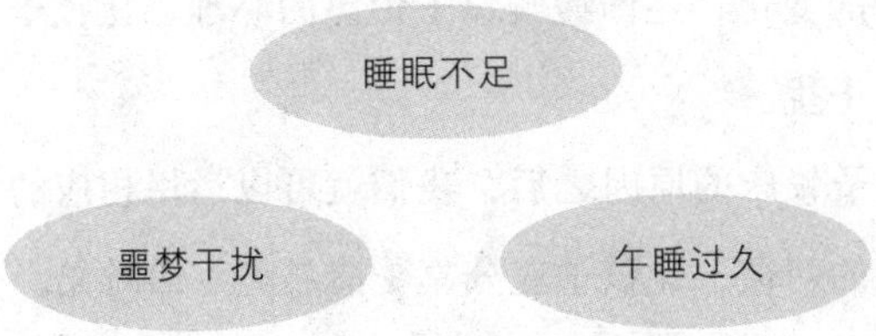

孩子有多少学业，我们都应该让孩子在固定的时间上床睡觉，养成规律的作息习惯。只要孩子的休息时间到了，即使孩子的作业还没有完成，或是正在做的事情没有做完，都应该让孩子上床睡觉。为了让孩子更好地进入深度睡眠，我们可以在孩子的床前和孩子聊聊天、讲讲睡前故事。这样做，一方面使孩子放松下来，快速进入睡眠，另一方面也可以增进亲子关系。

（2）午睡过久

孩子睡午觉的时间过久，会造成晚间精力旺盛，缺少睡意，难以入眠。所以，孩子睡午觉的时间不宜过长。通常来说，孩子午睡的最佳时间应在中午 1 点至 2 点之间，睡 20 分钟便足以恢复体力、支撑下午的学习和体育活动。超过这个时间段，或睡得太久，孩子到了晚上就容易变成精力旺盛的“小魔鬼”。孩子一旦晚睡，第二天早上家长势必又得费一番工夫才能把他从床上叫起来。

（3）噩梦干扰

如果孩子夜间频做噩梦，不仅休息不好，还会带来身心不适。孩子做噩梦最常见的原因是“怕黑”。“怕黑”是人类出自对未知的恐惧，如果孩子因为怕黑而不敢睡觉，甚至还因此做噩梦，我们可以在孩子的房里放一盏小夜灯。除此之外，父母还可以在熄灯之前，和孩子一起做光影游戏，让孩子明白“黑到底是什么”；透过光线和手势的变化，逐渐缓解孩子怕黑的心理，让孩子安心入睡，不再被噩梦干扰。

找出孩子赖床的原因之后，我们就可以运用相应的“策略”改掉孩子赖床的习惯，让孩子充分享受清晨美好的时光。

2. 让孩子自主决定作息时间

综合前面几章的内容，从让孩子了解自己的生活、建立并改善时间管理观念与生活模式出发，我们要教育并引导孩子自主制订时间计划。因此，关于孩子什么时候睡觉、什么时候起床，我们要和孩子商量，最终由孩子自己决定他的作息时间。

孩子决定好了作息时间，家长可以向孩子强调："这个作息时间是你自己决定的，我相信你一定能做到哦。"以在孩子心中强化自主管理时间的观念。

3. 睡前准备就绪

在孩子睡觉前，家长可以让孩子把第二天上学要用的东西都准备好：要穿的衣服提前搭配好，搭在床头，这样第二天起床就可以直接穿好再去做别的事情；书包和其他必备用品放在孩子自己的书桌上，或家中玄关等方便拿取的地方。这样做，可以大幅度节省孩子从起床到出门的这段准备时间，避免手忙脚乱、丢三落四、顾此失彼的情形出现。

为了让孩子掌握好第二天早晨起床的时间，我们可以为孩子准备一个小闹钟，让孩子把闹钟时间设置好。如上一章所说，我们可以把家里的表都调快 10 分钟，让孩子在这个时间基础上设置好闹钟。但最好不要强制孩子把时间设置在一个点上，而是要引导孩子分析什么样的时间做什么事更合理，让孩子自己去平衡和安排。

4. 营造起床氛围

如果孩子夜晚休息充足，作息时间表制订妥当，闹钟也备好了，却还是不能按时起床，那么，还有一个小技巧可供家长参考：在叫孩子起床的时候，随手播放一些轻松的音乐，或者播放一些孩子喜欢听的故事。让孩子在轻松愉快的气氛中苏醒，缓解被叫起来的不快情绪。

5. 采用奖惩的手段

若孩子能做到准时起床，为了使这个好的习惯长期稳定下来，我们可以在孩子连续坚持一周或一个月按时起床后，给他一些精神或物质上的奖励。这样，孩子以后也能更有信心坚持按时起床了。

相反，如果孩子一直不能主动起床，那么给他的惩罚就是由他自己承担赖床的后果。比如，家长叫过三次以后，孩子还不起床，就去忙自己的事情，放任孩子迟到。

· · ·

绾绾妈妈每天早上都要反复催促孩子，生怕她上学迟到。

终于有一天，妈妈再也忍不住了，就对绾绾说："明天早上 7 点，我在客厅等你，如果超时了，没赶上跟我一起出门，最后迟到了，那就是你自己的责任。老师批评你了，别跟我这儿哭诉。"

绾绾并没有把妈妈的话放在心上，第二天果真没赶上跟妈妈一起出门，因迟到挨了老师的批评。但绾绾却从此吸取了教训，牢牢记住上学一定要守时。

· · ·

孩子年龄小，对于老师和家长的批评，记忆尤为深刻。绾绾妈妈的做法虽然严厉，但是，这种方法却值得我们参考借鉴。选择一些合适的时机，让孩子意识到不守时的后果，当孩子有了糟糕的体验时，他自然会改正自己的错误。

但要注意，在这个过程中，家长要保持情绪平静、语气和善，避免跟孩子产生冲突。孩子自己承担了迟到的结果，必然会情绪低落，让他自己体会过后，他会渐渐明白按时起床的重要性。

孩子学会对自己的事情负责，这就是孩子成长的标志。

（二）让孩子守时的好办法

那么，父母应该如何教孩子做到守时呢？下面有三个方法值得父母好好借鉴。

1. 要坚持原则且态度坚决

开头我们所举案例中的那位妈妈，为孩子做了很多，的确很委屈，但是她的很多行为都是错误的。她看到孩子不愿早起，也不忍心叫他起床；孩子起晚了，她比孩子还忙；孩子用成绩好当借口，她也没话可说。这到底是孩子上学，还是妈妈上学呢？

作为父母，我们不能一味地迁就孩子。孩子不守时是错误的表现，不能因为孩子小，家长心疼，就不教育孩子；更不能因为孩子其他方面表现好，就无视孩子在这一方面的错误。

父母要坚持自己的原则，说一不二。说什么时候起，就什么时候起；作业说多长时间完成，就用多长时间完成。定下的规矩不要随便打破。而且，孩子在其他方面很出色并不能成为浪费时间的理由，该改正的就要改正。如果应该做到而做不到，我们则应该适当给孩子一些惩罚，不能让孩子存有侥幸心理。

当我们在守时这个问题上坚持原则且态度坚决时，孩子也会意识到，这是一件非常重要而严肃的事情，进而渐渐认识到时间的重要性，也就不会总迟到了。

2. 分辨情况，合理守时

守时也要合理，也就是说，在正常且正当的生活模式和时间计划下完成既定事项，孩子当然要按照约定认真做；一旦遇到特殊情况，孩子也要学会随机应变。以下我们举一个非常规的极端事例，供家长参考。假设孩子遇上了校园暴力，受到欺负，施暴者强迫孩子在某个时间点一定要到什么地方去，这就是一种非正常情况，孩子一定要提高警惕，在不伤害自己的前提下可以先答应对方，及时脱身，但事后不仅不能去“赴约”，还要及时告诉家长或报告老师，由大人介入解决此类事件，并保护好自己。同时，父母也要经常关心孩子，及时发现孩子的反常之处，与孩子沟通，给孩子提供帮助。

也就是说，在事项和时间上都合理、安全的前提下，孩子要遵守约定；倘若突如其来的可疑约定违背了日常逻辑或者学校、家庭的规矩，甚至有可能危及自身安全时，孩子就要好好甄别，做出无损于自己的判断。家长平时在这方面要加强对孩子的提醒和教育，培养孩子的安全意识，要让孩子知道，不能贸然和他人做不合理的约定。

守时，是人讲诚信、有素养的体现，是团队最起码的纪律观念，更是时间管理中极为重要的一项准则。成功学大师卡耐基曾说：如果你想和有影响力的人结交朋友，就要准时。因而，作为父母，我们有责任教导自己的孩子学会“守时”，为他将来的人生打下良好的基础。

3. 善用“守时奖励机制”

父母可以建立一套“守时奖励机制”，让孩子从守时的过程中得到奖励，在甜头中逐渐明白时间的重要性。久而久之，在良性循环之下，孩子以后在做事的时候，就会更加专注，自然也提高了时间的利用率，也就慢慢地学会珍惜时间了。

制订"守时奖励机制"的过程，可以通过以下三个技巧来实现。

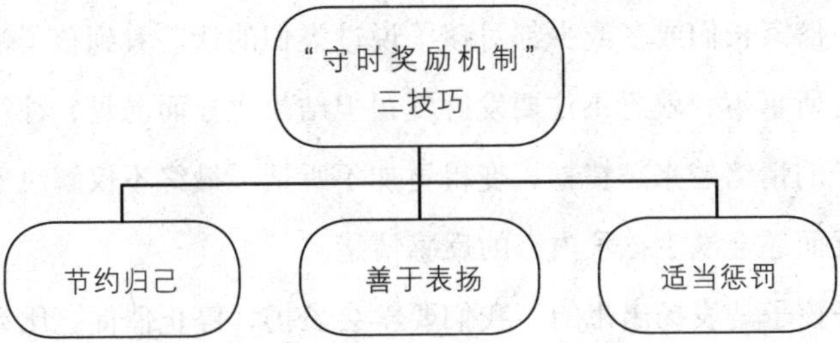

（1）节约归己

执行"守时奖励机制"的过程中，我们要明白，对任何事情，孩子都会有失去新鲜感的一天，哪怕是物质和金钱的奖励。时间长了，这种方法就失去了效果。而且这种方法还会带给孩子一种错误的认知：做任何事都是为了获取利益，而不是真正为了自己好。

因此，物质或金钱奖励只能是暂时的，想要孩子长期地坚持下去，就需要采取更有效的方法。我们不如把孩子节约下来的时间交到孩子自己的手中。比如，孩子完成一项作业需要一小时，在完成作业之前，我们可以对孩子这样说："你要是早点写完作业，就可以上一会儿网，或者做一些自己喜欢的事情，妈妈不会管你，但是作业必须保质保量。"这样可以说给了孩子很大的自由空间，也正是孩子所希望的。如此一来，孩子就会更加乐于提升自己的学习效率，从而养成专注做事的习惯，节省下更多的时间。

（2）停止催促，善于表扬

“我警告你，你作业再不写完就给我跪着写！”

“把手机给我交出来！就知道玩手机，看你以后有什么出息！”

…………

相信家长们或多或少都对孩子说过类似的话。看到孩子浪费时间，无所事事，就忍不住要发脾气；但结果也显而易见，往往只会让孩子的情绪越来越糟糕，变得更加不听话，最终不仅解决不了问题，反而还会滋生孩子内心的反感情绪。

好孩子是表扬出来的。我们要学会表扬，停止催促。比如当孩子穿衣服比以前快的时候，爸爸妈妈可以立即进行表扬：“你现在穿衣服比以前快多了！”还可以适当地顺势鼓励孩子，在其他方面也向好的方面学习，比如，我们可以跟孩子说：“你现在穿衣服比以前快多了，要是写作业也这么麻利的话，你不就有更多的时间来做自己喜欢的事情了吗？”

每个人都喜欢听鼓励的话，尤其是孩子。所以，父母要时刻留意孩子的一言一行，通过鼓励的方式，对孩子进行督导，从而让孩子在自信中生发动力，提升管理时间的能力。

（3）适当惩罚，让孩子品尝一下苦果

做对有奖，做错或不做当然也要有惩罚。这里说的惩罚不是打骂，不是训斥，而是让他们体会到浪费时间的后果。

就拿孩子写作业来说，有的孩子写作业非常拖拉，往往写到很晚都写不完，而第二天上学又起不来，上学总是迟到。这时，我们就可以和孩子约定好，在某一时间段内必须把作业写完；到某个时间点，不管作业写完没有，都必须上床睡觉。没写完作业的孩子，或早上迟到的孩子，第二天就会被老师批评，那么以后他写作业和起床的时候就会汲取先前的教训，不会再浪费时间了。

帮孩子找出“时间小偷”

（一）是什么“偷”走了孩子的时间？

· · ·

周一早上，桐桐妈妈来到桐桐的房间，准备叫桐桐起床上学。可推开门一看，她就开始唉声叹气了。几本学习用书和其他图书横七竖八地堆放在书桌上面，抽屉开着，笔、纸巾、零食等摆得到处都是。“这么凌乱不堪，让人收拾都无处下手。”桐桐妈妈无奈地说。

好不容易把桐桐叫起床，洗漱完毕，准备出门，桐桐发现语文课本没有拿，于是跟妈妈又返回房间找语文课本。桐桐记得昨天复习完以后将语文课本放在书桌上了，她把书桌上的书翻来找去，书哗啦啦地散落了一地，却都不是语文课本。“咦？到底去哪儿了？”桐桐又开始翻腾抽屉，不想，抽屉突然掉了下来，笔、纸巾、零食等全撒了出来……

看着妈妈不满的表情，桐桐更着急了。20 分钟过去了，桐桐和妈妈终于在文件夹里找到了语文课本，之后她们赶紧往学校奔去，可还是迟到了 10 分钟……

· · ·

这种情况你遇到过吗？当需要一件东西时，却怎么也找不着。

比如，上学要迟到了，偏偏就是找不到课本和作业；舞蹈训练马上开始了，舞鞋却不翼而飞……

其实，这种情况在很多人身上都上演过。有一个研究报告称：人的一生要花占据生命 20% 的时间“找东西”，而一年花在找东西上的时间平均约 150 小时。粗算一下，一年中竟然有 6 天左右的时间都花在找东西上面了！

可见，为找东西而浪费时间，这会大大降低做事的效率，甚至影响做事的进程。试想孩子如果一天重复找几次东西，那么一年下来得白白浪费掉多么长的时间呢？如果我们能让孩子与“找东西”说再见，而把这些时间充分利用起来，孩子不就可以做更多的事情了吗？

那么，究竟是什么原因，导致孩子把大量的时间浪费在找东西上呢？很显然，关键就在于孩子没有及时整理东西。试想一下，如果不及时整理书桌，桌上的物品就会越积越多，桌面乱七八糟，没有条理。时间长了，就很难再下手整理。一旦需要用的时候，就会手忙脚乱，毫无头绪。

所以，想要孩子珍惜时间，我们就要教孩子学会整理，与“找东西”说再见。那么，我们应该如何教孩子有效地管理他们自己的物品，减少找东西的时间呢？最关键的一点就是：日常用品要各归其位，不能随意乱放。比如钱包、学生证、手机、钥匙等，一定要摆在恰当的、固定的位置。并且，用完后要立即放回原位。给每件东西分配一个属于它的固定位置，孩子就不会为不知道把东西放在哪儿而苦恼了。养成了用完归位的习惯，也能有效避免找不到东西的情况发生。

需要注意的是，孩子是有惰性的。“放在哪儿呢？先放在这里，待会儿再收拾吧！”“原来放的地方太远，再放回去太麻烦了。”……出于种种懒惰的理由，孩子通常会把东西随手放在某一个地方。如果很快又要用这个东西还好，否则，隔了很久再要使用的时候，恐怕就已经不记得它在哪里了。

只是简单地把东西放归原位，就能避免“找东西”的窘境，为什么不去做呢？这就涉及收纳物品要善于归类、有条理的问题。

让孩子将钥匙、书本文具、饰品等乱七八糟的小东西放在一起，并固定位置。

让孩子找到洗发液、香皂、牙膏等洗漱用品的固定放置点，用完后归位。

让孩子检查自己的衣服，脏的放入洗衣机，干净的折叠整齐收入衣柜，不要到处乱放。

让孩子在装东西的抽屉和箱子外面贴上写有所放物品的名字的标签，或是标上清楚的记号，这样就能一目了然啦。

…………

这些，孩子都能做到吗？

在图书馆、阅览室、学校、商场、快餐店等公共场合，我们会看到这样的标语：“看完书后请将其放回原书架上”“借出的雨伞请及时归还”“请将用过的公共物品放回原处”等，这就是在提醒我们：用完的东西要放回原处。每次看到类似的标语，家长都要有意识地提醒孩子，对于年幼的孩子，还可以让他跟着读一读，会潜移默化地对孩子产生影响。

对于物归原位，刚开始这样做的时候，孩子也许会觉得很麻烦，但久而久之养成整理的习惯后，他会发现，自己不会再满世界乱翻找东西了，而是一旦需要，第一时间就能把它找到，生活也会变得更轻松自在。

（二）抓住时间的“小偷”！

要教孩子珍惜时间，我们还可以让孩子试着抓住时间的“小偷”，看看浪费掉的时间都被谁偷走了。

时间的“小偷”，其实就是那些在不知不觉中把时间“偷”走的小事情。这些“小偷”技术高超，常常令人难以察觉，甚至还很会“取悦”于人，令人毫无防备。

时间的“小偷”常常在孩子正学习或专注做事情的时候悄悄出现。孩子原本可以用这些时间做很多有意义的事情，可时间的“小偷”不知不觉地靠近，让孩子忘记了学习，丢下了手头还没完成的事，转而在跟“小偷”玩耍的过程中丢掉了时间。

如果不把这些时间的“小偷”找出来并且“制服”它们，它们就会重复作案，一直“偷”下去。

作为父母，我们怎样引导孩子去找出时间“小偷”呢？具体的操作步骤如下所示。

1. 制订表格

父母拿出一张 A4 纸，模拟下表的方法绘制一张表格。

“时间小偷”登记表

我的时间“小偷”	每天偷走的时间	我可以节约的时间
玩电子游戏	1 小时	40 分钟
看手机短视频	2 小时	1.5 小时
睡懒觉	0.5 小时	10 分钟
发呆	0.5 小时	0.5 小时
总计（分钟）	4 小时	2 小时 50 分钟

2. 引导孩子填写表格

把这张表格拿到孩子面前，先让孩子自己按照表格里的内容填写一遍。等填写完毕后，父母再坐下来和孩子一起研究每一事项对应时间分配的具体情况。比如，倘若孩子认为他的时间“小偷”是看电视，父母就可以让他说说，为什么看电视会浪费时间，并让他自己算一下，每天要花多少时间看电视，如果不看电视的话，这个时间可以用来做哪些对他来说更有意义的事情。

3. 计算孩子的时间

和孩子一起统计出时间“小偷”一共“偷”走了多少时间，从“小偷”那里争取回来的时间可以用来做哪些更重要的事情，把结果记录下来。

4. 重新制订时间计划

接下来，父母可以让孩子重新做一张时间计划表，然后照计划执行。久而久之，孩子通过全新的时间计划，就能逐步改善自己的时间利用情况，提高做事的效率。

教孩子理解珍惜时间的意义并不难办，难办的是将珍惜时间付诸行动。人类天生就是带有惰性的，未经训练和理性约束时尤甚。因而对孩子身上体现出来的惰性，父母不必为此焦虑，只要明白有办法可循，首先以身作则，其次为孩子量身订制一系列的训练和督促方法，循序渐进，孩子就能在实践中形成珍惜时间的意识和管理时间的好习惯。

（三）别让智能产品成为时间“杀手”

我们在举例说明时间“小偷”有哪些时，列出了电子游戏和手机短视频。这些都属于21世纪后逐渐占据人们生活内容的智能产品。它们原本是为了便利人类的生活而被发明创造的，为什么会成为时间的“小偷”，甚至成为时间“杀手”呢？

智能产品给人类带来的不仅有便捷的生活方式，还有丰富多彩的内容。人们使用智能电视、手机、平板电脑等智能产品可以迅速获取各种知识和讯息，也能够更加方便地体验花样无穷的游戏。而且，这些智能产品上的游戏视觉效果更加逼真，只需要动动两根手指头，基本上就可以满足游戏玩家的各种娱乐需求，使其沉迷不可自拔。

我们知道，游戏是孩子的天性。对于意志力不强大的孩子来说，这样的智能产品中存在着五彩缤纷的游戏诱惑。但是，孩子的生活内容不能只有游戏，而且如果长时间对着智能产品玩游戏，孩子不仅视力会受到影响，身体变得不健康，还会由于缺乏自控力而难以退出那个虚拟的世界，转而对现实生活无所适从，对其他事情提不起兴趣，更不用说去主动学习了。

孩子的智力发育需要不断获得信息刺激。事实证明，孩子的确能在家长和老师的引导下通过使用智能产品学习知识。但智能产品中的课堂占比较小，通过智能产品获取知识碎片和阅读图书相比，对智力产生的刺激作用是很小的。阅读是主动探索的过程，使用智能产品则是被动接受信息的过程。如果家长想用挂在智能产品上来代替阅读书本，以期孩子达到学习的目的，这无疑是捡了芝麻丢了西瓜的做法。

作为父母，我们应该如何避免让孩子成为“智能产品宝宝”呢？在教给大家方法之前，先看看文文的父母是如何做的，相信对你会有所启迪：

· · ·

一放暑假，文文就像和手机“粘”在了一起，一睁眼就开手机，动画片一看就是一整天，不然就是打游戏，可谓废寝忘食。爸爸妈妈非常着急。然而，爸爸妈妈白天要上班，根本没法儿管文文，只能任他去了。

文文爸爸发了几次火，但只在当时震慑住了文文，过不了一会儿，他又玩起来了。没办法，文文的爸爸决定没收文文的手机，却没想到文文跟自己玩起了游击战术。无论爸爸把手机藏到哪儿，文文都能找到。而且，文文还趁着爸爸妈妈睡着了，半夜起来偷偷玩手机。

一天吃早餐的时候，妈妈看着无精打采，顶着两个浓重黑眼圈的文文，突然心头一酸，眼泪差点儿掉下来。看着孩子可怜的样子，妈妈很是心疼。

爸爸也没了脾气，只一个劲儿地叹气。他无奈地对文文说：

“文文啊，你一整天都在看手机，你知道吗？爸爸妈妈担心你，再看下去眼睛会瞎的。”

看到父母如此关心自己，一向叛逆的文文低下了头，有点儿羞愧。爸爸晓之以理、动之以情，劝文文不要再半夜玩手机了。他们并不是完全阻止文文玩，只是希望他能有一个限度。

文文小声地辩解：“爸爸妈妈平时一回家也躺在沙发上玩手机，为什么我就不可以？”

爸爸一时语塞，他主动向文文承认了错误。一家三口做了个约定，每天晚饭后出去集体散步，锻炼身体，再也不坐在沙发上玩儿手机了。而爸爸妈妈也答应了文文，商量好每次玩手机的时长，一到时间，文文就主动把手机上交给爸爸妈妈保管。

慢慢地，爸爸妈妈发现文文对手机没有那么痴迷了，脸色越来越好，也越来越喜欢跟他们交流了。

· · ·

文文的爸爸先是训斥孩子，通过强迫的方式没收了孩子的手机，却没有达到效果。后来，他慢慢转变观念，以情动人，主动承认自己的错误，激发了孩子的同理心，与孩子达成玩手机的“约定”，以改正自己玩手机的习惯为前提，帮助文文慢慢摆脱对手机的痴迷。由此可见，让孩子主动改正坏习惯，比被动接受父母的强迫教育效果要好，特别是当爸爸妈妈不在家的时候，孩子能够做到自律，才是最重要的。

下面是让孩子远离“时间杀手”的三个方法，希望对家长们有所帮助。

1. 多陪伴孩子

有相当一部分孩子之所以会沉迷于智能产品，是因为太过孤独、寂寞。尤其是独生子女，或年龄差较大的兄弟姐妹因日常作息不同而玩不到一起时，幼小的孩子会因缺乏玩伴，又缺少家长的陪伴，才选择用智能产品来打发时间。

家长最好多抽时间陪伴孩子，和孩子一起玩玩亲子游戏、多聊天沟通，弄清楚孩子的需求，关注孩子的情绪变化。

2. 家长做好榜样

孩子爱玩智能产品，和家庭氛围也密切相关。试想一下，如果家里爸爸妈妈都在低头玩手机或平板电脑，孩子自然会对这些智能产品产生好奇心，继而因为缺少自制力沉迷其中。

想让孩子成为怎样的人，家长首先就要成为怎样的人。在孩子面前，家长要少玩手机或其他智能产品，多阅读、多运动、多跟家人互动，为孩子树立一个良好的榜样。

3. 培养孩子广泛的兴趣爱好

孩子空余时间太多，分给智能产品的时间自然也会增加。给孩子培养一些兴趣爱好，比如绘画、舞蹈等，让他的业余时间充实起来，玩智能产品的欲望自然就会下降。

还有一点也非常重要，那就是鼓励孩子多锻炼身体。因为长时间学习和玩智能产品时，孩子的身体是长久保持一个姿态的，缺乏运动会对他的健康发育造成不良影响。所以，就算没有什么特别的兴趣爱好，也要提醒和带动孩子适当锻炼身体，以保证身体健康。

4. 与孩子约定玩智能产品的时长

不可否认，手机、平板电脑等智能产品，就像零食、游戏一样，确实对孩子有巨大的吸引力。虽然没办法让孩子完全不碰智能产品，但家长可以和孩子约定玩的时间，比如一次不能超过 20 分钟，以防孩子沉迷其中。

完全杜绝孩子玩智能产品不大现实，会造成他和同龄孩子之间的隔阂。大家都在玩，聊天的话题也有很多是围绕智能产品中的游戏或其他有趣的事物开展的，如果孩子彻底不玩了，在学校里、同伴间，便会成为一个缺少“共同语言”的“不合群”的人，其实并不利于孩子的人际交往。凡事在于对“度”的把握，约定玩智能产品的时长是个不错的方法。

5. 关注孩子玩智能产品的内容

虽然允许孩子玩智能产品，也约定了孩子玩的时长，但是，家长也不可以就此掉以轻心，还是要多多关注孩子玩的具体内容。智能产品提供了各种最新鲜的元素，同时也带来了很多未经审核的内容和带有诱导性的广告，有可能对孩子产生不良影响。

父母要引导孩子玩一些健康有趣的益智游戏，引导孩子关注文化、科技、社会时事新闻等信息。哪怕没有太多时间陪孩子玩，也可以时常和孩子聊聊天，互相分享一下最近看到的趣闻，以此来了解孩子的思想动向。要记得，“疏”永远比“堵”更有效。

世界发展日新月异，智能产品对孩子的诱惑也越来越大。作为父母，我们一定要时刻注意孩子行为的变化，多和孩子沟通，提醒孩子不要把时间都浪费在虚拟世界里。同时，我们还应该鼓励孩子走出门，和真实的世界交流，在开拓眼界的同时增长见识。

宽容地看待孩子对时间的“浪费”

我们先来看看这样一个案例：

· · ·

一到周末，上小学四年级的韩强就彻底放松下来，不再认真学习，而是尽情地玩耍。对此，妈妈很是担心。妈妈看到和韩强同龄的孩子都在利用周末上各种补习班和兴趣班，而韩强却在玩，她认为孩子是在浪费时间。

对于妈妈的看法，爸爸表示不同意。他告诉妈妈，玩也是一种成长，说韩强在玩的过程中学会了很多技能。比如学会了辨认植物，认识了许多小昆虫……更何况，爸爸认为，韩强才上小学四年级，正处于好动的年龄，不能一直让他学习，要让他有足够的休闲时间。

· · ·

听了韩强的爸爸对孩子妈妈说的话，各位家长有没有获得什么启示呢？他说得没错，孩子也需要休闲，而且孩子的玩耍也并非毫无意义。表面看似乎没做什么大事，但实际上却有不小的收获，比如掌握了一些与植物和昆虫有关的知识。

所以，我们不如向这位爸爸学习，宽容地看待孩子对时间的“浪费”，让孩子能尽兴地享受应有的休闲时间。相信经过这样的调整，他玩得尽兴了，也就不会总想着玩了，等到真正学习的时候，也一样能投入其中。

试想一下，作为一个成年人，每周连续工作 5 天之后，通常会有两天的休息时间。有相当一部分父母还可能会连续工作 6 天，而只有一天的休息时间。对这仅有的一两个休息日，我们都会相当“渴望”与“重视”，调整身体和精神，以保证下个星期能有更好的精神状态继续工作。

其实孩子和我们的感受是一样的——连续5天都在上学，每天都要集中精神上满一整天的课，晚上还要完成当天的家庭作业。周末来临时，孩子当然也渴望利用这两天的休息时间好好放松一下。

然而总有些爸爸妈妈觉得，孩子哪有我们累？他有那么大的精力，完全应该再多学一些，周末也不能那么放松，否则就落在别人后面了。这么想就错了——根据人成长的规律来看，孩子对一件事情保持精力集中的时间有限。

宽容孩子“浪费”时间，我们可以这样做：

（一）给孩子足够的休闲时间

还是那句话，我们总是觉得，孩子就该把所有时间都利用起来，才不算是对时间的浪费。所以，一说要给孩子一些休闲时间，有些家长就会觉得为难，最终可能会很不情愿地分出一个小时来说：“你休息一会儿吧，一个小时后继续。”

孩子本来就爱玩，一个小时怎么够？我们哪能让孩子的生活充满学习的紧张，而没有一点儿玩耍的快乐呢？既然要休闲，就给孩子足够的休闲时间吧。

在休闲的时间里，也可以帮助孩子好好安排一下内容，比如根据孩子的兴趣适当安排一下，让他既能享受到快乐，又能缓解身体的疲劳，如果还能从中收获意外的知识或乐趣，那就再好不过了。

（二）允许孩子自己安排休闲时间

给了孩子休闲时间，可是有的父母却并不甘心，好像孩子一旦有了“随心所欲”的时间，就一定会出什么问题似的。于是，有的父母自以为是地替孩子安排休闲时间，看似让他休息，其实是有额外的课业。

比如，有位妈妈一到双休日，就带着孩子去看画展、去书店，要不就去参观博物馆，有时虽然也带孩子去动物园或郊游，却总有附带的作业，要求孩子在活动结束后写日记或感想。总之，孩子看似休息了，却又完全没有自己自由安排时间的机会，要做什么都是妈妈安排好的；所有活动都是在妈妈的讲解、鼓励和劝说声中度过的。一开始孩子还觉得很好，可时间久了，他觉得即便是双休日自己也过得很累，一点儿都不休闲，更不轻松。

这位妈妈过度干涉了孩子的休闲时间——既然是要休闲，就要允许孩子自己安排时间。不管他玩也好，做其他事情也好，只要能保证他的健康和安全，就可以随他自主安排。一般所说的“在玩中学”，应该是孩子自己的发现，家长可以引导，但绝对不能主导。

（三）当孩子在休闲时，别批评孩子“浪费时间”

很多父母看不得孩子随意玩耍的休闲方式，总要随口说一句“真浪费时间”，还有些父母会加上几句，诸如“你看看人家的孩子都去学习了”“你也做点儿有意义的事情”“啧，我都替你感到可惜”之类的话。

这样的话对孩子而言就是一种打击，他会觉得休闲玩乐就是错误的。但同时他会发现，父母还在休闲，这就会给孩子造成一种错觉：大人可以随意干“浪费时间”的事儿，而小孩却不可以。而且，父母这样一抱怨，孩子多半都会为了不让父母生气而转身拿起书本，但他真的看得下去吗？显然，可能性不大！心思不在书本上，只是被强迫而做做样子——这才是对时间的浪费。

所以，与其让孩子带着矛盾的心理不情不愿地去做事，倒不如干脆放手让他好好玩个痛快。这样的“浪费”也是应该有的——父母应该给孩子一定的休闲时间，别太计较，让孩子得到真正彻底的放松和休息。

第九章

提高专注力是高效的诀窍

有这样一个故事：牛顿有一次牵着马上山，走着走着，突然想起了自己正研究的某个问题，因为过于专注思考，不由自主松开手，放掉了马的缰绳。马儿跑了，他却全然不知。直到走上山顶，前面没了路时，他才从沉思中清醒过来，发现马儿不见了。但是，也正因为“心无二用”，牛顿才成为了伟大的科学家。

一样的时间，为什么有的人取得了世人瞩目的成就，成为杰出人物，而大多数的人却只是变成了碌碌庸众？美国作家奥格·曼狄诺有句名言说得好：“一次只做一件事的人，才会领先于这个世界。”

让我们跳出对时间管理的局限思维，从更广阔的范畴来讨论对时间的利用。本质上来说，专注力更好的人更容易取得成就，在有限的时间内，专注力更好的人的时间利用率更高。

做事不专心、马虎、自控力差、学习困难……这些常见的问题都是孩子注意力低下的表现。其实，孩子的注意力是能够通过训练提升的。正所谓“书痴者文必工，艺痴者技必良”，从小训练孩子的注意力，教孩子专注时间的方法，可以让孩子一开始就养成时间管理的好习惯。

本章，我们就来探讨一下，如何帮助孩子提升专注力，达到对时间的最大化利用。

为什么孩子很难集中注意力？

（一）孩子真的很难集中注意力吗？

无论大人还是小孩，集中注意力的时间都是有限的，只是不同年龄段的人集中注意力的时限也不同而已。通常情况下，小学生可以集中注意力的时限是 20 分钟，中学生可以持续到半小时，大学生及成年人可以维持注意力的时间就更久了。因此，孩子并不是不能集中注意力，要集中注意力也不是很难，只不过一来持续时间短，二来，和大人一样，孩子通常也只对自己感兴趣的事情更容易集中注意力而已。

美国心理学家霍华德·加德纳提出人的智能至少包括以下 8 个方面：

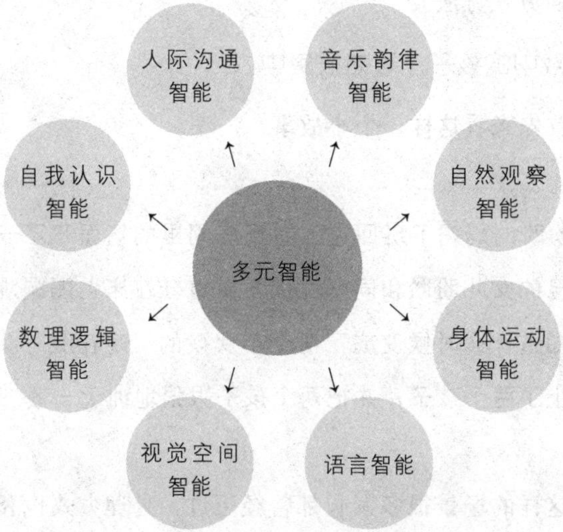

在这 8 种智能里面，每个孩子所具有的优势智能不同，形成的智能结构也不同。有的孩子可能某种智能发展得好，所以在某些方面表现非常突出；而大多数的孩子则各方面都比较一般，表现平常。对于后者来说，那些潜在的智能还没有很好地被开发出来，有待于

我们去帮助他们认识和挖掘。

为提高孩子的专注力、使他们更加持久地集中注意力，发掘这8种智能也是有帮助的。父母如果能为孩子提供丰富多彩的学习机会，让孩子发现自己的潜能和特长，并将其开发出来，孩子会对更多的事情产生兴趣，而兴趣作为很好的驱动力，能有效提高孩子做事情的专注力。

不过，值得注意的是，不管用什么训练方法，都不能保证立竿见影，这需要我们在生活中长期坚持对孩子加以引导和培养。

下面以培养孩子的运动智能和视觉空间智能为例，给父母提供一些实用的方式方法。

1. 游戏中的孩子注意力很集中

我们首先来看这样一个小故事：

· · ·

盼盼的妈妈下班回家，看到房间里的场面吓了一跳。她发现自己的女儿盼盼和同学优优正穿着鞋在床上蹦蹦跳跳，而床单不知道什么时候变成了两个小女孩的“晚礼服”。气得她一下喝止了两个孩子，并把两个孩子狠狠地训了一顿。

· · ·

相信这样的场景很多家长都曾经历过，处理方式也和盼盼妈妈大致相同。那么，我们现在要告诉你：这样的处理方式是错误的。

孩子在玩耍时，注意力往往高度集中，此时突然被狠狠训斥，容易受到惊吓。另外，盼盼妈妈讲卫生固然没有错，但也要体谅孩子的淘气，因为孩子喜欢蹦蹦跳跳是常有的事儿。如果因此就狠狠地责骂孩子，很容易让孩子产生心理阴影。淘气固然“治”住了，但孩子的自尊心也会受到伤害。以后孩子再做自己喜欢的事情时，因为担心再次挨骂，会没办法集中注意力。因此，最好的办法就是引导和包容孩子。先告诉孩子不能穿鞋在床上跳，把房间弄得乱七八糟也不对。然后给孩子创造一个适合玩耍的空间，下次孩子就会注意了。

此外，父母还要注意提升孩子的动手能力。俗话说“心灵手巧”，有一双灵巧的手，也有助于大脑发育。孩子在探索这个世界的过程中总抱有这样那样的好奇心，他们往往通过自己的双手展开探索。在动手操作的过程中，孩子会集中注意力去做自己喜欢的事情。

锻炼孩子的动手能力，可以提升孩子的肢体协调能力，促进孩子的智力发展。因而在日常生活中，父母可以鼓励孩子多做些家务，这样不仅能锻炼孩子的生活能力，还能提高孩子的注意力，可谓一举两得。

2. 沉浸于自然观察中的孩子注意力很集中

沉浸于自然环境之中，观察大自然的孩子，也容易集中注意力。我们同样先来看一个小故事：

· · ·

乐乐放学后把书包一扔，跟妈妈说要到小区里玩一会儿，然后就消失不见了。

到了吃饭时间，乐乐还不回家。妈妈急得四处找他，怎么也找不到。妈妈喊得嗓子都哑了，邻居们也一起来帮忙找。天都快黑了，终于找到了乐乐，原来他躲在假山后面观察两只蟋蟀打架，完全忘记了时间，也丝毫没有听到妈妈的喊声。

妈妈气坏了，忍不住训斥孩子。帮忙找孩子的邻居郑老师听到了乐乐的解释，拦住了乐乐妈妈。郑老师安慰乐乐妈妈，乐乐能够这么专注地观察蟋蟀，说明他比一般孩子的自然感知能力要好。虽然乐乐忘了时间，忘了回家，让妈妈担心，应该给妈妈道歉，但是乐乐却是一个拥有发现眼光的孩子。郑老师告诉乐乐妈妈，要保护好孩子的好奇心和敏锐的观察能力，这是不可多得的宝贵财富。

· · ·

与其他智能不同，自然观察智能使孩子更关注存在于大自然、户外这样特定环境中的各种生命形态。自然观察智能比较发达的人，在户外或生活在自然的环境中，通常会感到很有活力。但是，自然观察智能并不仅仅指户外。自然观察智能在任何有植物和动物的环境中都会被用到，如在动物园、水族馆、花园里对动植物的观察和推断。这种智能本质上是一种依赖于观察力和逻辑分类的高级智能。

现如今，很多家长非常注意培养孩子的各种兴趣爱好特长，但却往往局限在提高孩子的才艺上，很少有人关注到孩子的自然观察智能。但我们不能忘记，我们人类也是大自然的一部分。我们曾经能够感受风、感受水，感受星星的变化、季节的变迁、自然的更迭，感受万事万物与我们人类同在。

如今，科学技术的进步可以满足我们大部分的生理需要，相比较起来，自然观察智能比起其他智能更缺乏“价值”。但自然观察智能中的一些天赋，是刻在基因里的能力，会在一些非自然的状态下呈现出来。例如，人们喜欢收集物品——这种分类整理的自然观察智能，百年前集中运用于探索其他生物、岩石、植物上，现如今则表现在收集最新款的流行球鞋、对新上市车型的分类等行为上面。

理解了什么是自然观察智能和培养自然观察智能的意义后，家长们就可以有意识地让孩子多多与自然接触，提供他与自然亲近的机会了。

为了培养孩子的自然观察智能，可以让孩子尝试以下活动：

1. 收集大自然中的物品。

2. 玩土或者沙子，不要介意孩子把衣服、手弄脏。

3. 养宠物，和家里的宠物玩耍。

4. 去动物园、水族馆或者植物园，让孩子尽情地观察。

5. 在户外玩，不介意天气和温度。

6. 在家里阳台上种植花卉和蔬菜。

7. 参加野营活动。

8. 对环境进行挑战，参加长途徒步或者攀岩活动。

9. 到宠物商店或者宠物医院做志愿者。

（二）帮孩子摆脱“三分钟热度”

我们先来看一下强强的故事：

· · ·

强强今年 8 岁。每次上课，当别的同学都在认真听课时，他不是东张西望，就是在课桌底下做小动作。每次看到别的小朋友做什么，他都会热情高涨地向爸爸妈妈讲述自己也很想做。可是当爸爸妈妈真正帮他实施起来时，他却只能坚持一小会儿，就兴趣全消了。这让他的父母头疼不已，不知道该怎么办才好。

· · ·

通过强强的例子，我们总结出了一个词——“三分钟热度”。

所谓“三分钟热度”，是形容对某一件事情刚开始很有热情，但坚持不了多久，就变得毫无兴趣了。虽然“三分钟热度”不是什么大毛病，但是长此以往，很容易导致孩子做事不专注，缺乏恒心和毅力。因此，父母要想办法，慢慢延长孩子的专注时间，提高他的注意力。

要想帮孩子摆脱“三分钟热度”，首先要找出孩子出现“三分钟热度”的原因。一般来说，导致孩子出现“三分钟热度”的原因主要有四个。

首先是孩子的天性使然。每个孩子都有自己的天性，有的喜静，喜欢安安静静地看书；有的好动，无时无刻不在探索和发现新的东西。我们应该仔细观察孩子属于哪一类，然后再根据他们的天性选择适合他们的活动，以此来提高他们对某件事物的注意力。否则让喜静的孩子做运动、好动的孩子安静看书，这样对孩子而言无疑是一种折磨，对提高他们的注意力也是有百害而无一利的。

其次，孩子往往会被新奇、热闹的东西所吸引，而一旦失去新鲜感或者热闹场面没有了，他的兴趣热度也会随之渐渐降低，直至为零。所以，父母即使想要培养孩子的兴趣，也千万不要通过哄骗来诱导孩子，否则更容易导致孩子出现“三分钟热度”的情况，导致事倍功半或者半途而废的负面作用。

再次，每一个孩子都存在自发性的学习行为、探索冲动与研究能力，所以如果活动的开展方式不符合或不满足孩子的自然发展法则或学习倾向，就容易导致孩子出现“三分钟热度”。比如，老师在课堂上一味地灌输知识，从来不作任何讲解，让人昏昏欲睡，学生一会儿就没兴趣听了。而一个热情、活泼并懂得制造气氛的老师，时常提问，组织讨论活动，则更容易激发出孩子的学习兴趣。

最后，活动难度与孩子能力不符。很多家长在为孩子选择活动时，会偏向于选择难度较高的活动，希望以此来激发孩子的潜能。这是很多中国父母的通病，将自己所认为的好加诸孩子身上。可是调查研究显示，恰恰是这种自认为的好，容易扼杀孩子学习的兴趣。因此，父母即使想让孩子有一门特长，也应该尊重孩子的意愿，毕竟学习效果最好、对知识吸收最快的时候，就是学习者自己主动发现和解决问题时。这样，他学习起来会更开心和专注，而且完成后会成就感倍增。

知道了孩子出现“三分钟热度”的原因，接下来就要利用有效的方法帮孩子摆脱三分钟热度。我们为家长提供三个参考方法：

1. 孩子寻找兴趣点时，父母要在旁边进行鼓励和引导

父母要明白，“三分钟热度”也体现了孩子对兴趣的挖掘过程。作为一个孩子，他对这个世界的认识才刚刚开始，他们需要不断地对各种事物进行探索，从而寻找到自己真正感兴趣的东西。当然，这不是说父母可以任由孩子的“三分钟热度”发展下去，而是当孩子在寻找兴趣的过程中，父母要在旁鼓励和引导，在适当的时期帮助孩子增长耐心，从而把他对某一兴趣的探索行为持续和稳定下来。

比如，孩子明明前一刻还在乐呵呵地搭积木，后一刻就想丢掉积木去看电视了，此时父母可以鼓励孩子先完成积木的搭建，并给予其适当的鼓励和奖励，再让其看电视，以此让他感受做事有始有终的成就感。

2. 不要立刻答应孩子的要求

当孩子极度想要某样玩具或想做某件事情时，不要立刻答应他

的要求。最好提出一个孩子力所能及的任务，让孩子先去完成。孩子通过自己的努力达到目标，不仅能锻炼耐心和毅力，还能学会珍惜自己努力的成果，以此获得成就感。

适当的延迟满足会燃起孩子的斗志，激发孩子的欲望。但家长不能把孩子的要求当作他努力的交换条件，一定要把握好这个度。

3. 尊重孩子的意愿

如果孩子的意愿合情合理，父母最好尊重孩子的意愿，并在此基础上鼓励和引导孩子的兴趣。在这个过程中，父母须付出双倍的耐心，切忌急躁。

相信父母通过以上方法来引导孩子，孩子“三分钟热度”的现象将会肉眼可见地减少，甚至不会再出现。帮助孩子摆脱“三分钟热度”，就从现在开始吧！

（三）粗心大意怎么办

· · ·

刚满 9 岁的成成经常让妈妈头疼。

成成今年上小学五年级，聪明活泼，平时也很机灵。可惜，他有一个令人头疼的毛病，那就是粗心大意。考试时，不是把“3”看成“8”，就是把“6”当成“9”，再不然就是忘了将草稿纸上计算出来的答案抄在卷面上。这样的问题经常让爸爸妈妈哭笑不得，打也不是，骂也不是。

· · ·

在现实生活中，像成成这样粗心大意的孩子并不少见。通常来说，孩子粗心的根本原因还是注意力不集中。有的孩子做题图省事，不仔细审题，也不验算。有的孩子态度有问题，认为做题这件事情不重要，因而不重视，敷衍了事。而年龄小一些的孩子，更多是因为他的注意力不能集中——并不是不重视，而是“没有能力”让自己重视。家长在具体对待孩子粗心大意的毛病时，要注意分别。

家长当面斥责、埋怨孩子并不是什么好方法，只能发泄自己的情绪，对孩子的进步毫无帮助。父母想帮助孩子改掉粗心大意的毛病，但这是件急不得的事情，而且也无须焦虑。因为注意力的提升是随着年龄的增长而逐渐发生的，只要父母在平日有意识地训练孩子集中注意力即可。那么，什么方法能帮孩子改掉粗心大意的坏毛病呢？

我们介绍一种非常简单的、适用于各个年龄段孩子的操作方法给家长：划消训练。

日常生活中，人们往往先注意自己所关心的事物，然后再对它进行加工，这就形成了注意力。注意力存在个体差异，划消测试是测试注意力差异的有效手段。划消训练也是帮助孩子提升注意力的有效方法。只有当孩子的注意力提升以后，才能尽最大可能地高效利用时间。

具体的方法步骤如下图所示：

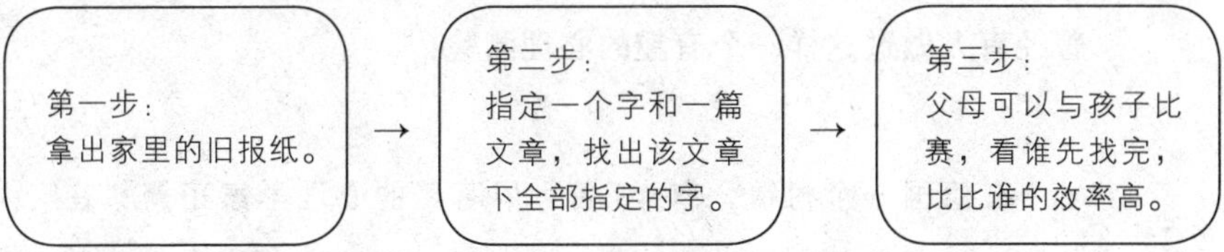

俄国教育家乌申斯基曾说过，善于集中注意力的人，等于打开了智慧的天窗。只有打开注意力这扇窗户，专注的阳光才能撒满心田。那么，从现在开始，父母可以利用本节教授的方法，对孩子进行注意力的训练。在训练的过程中，父母必须依靠日积月累的练习，总有一天这些琐碎的努力会像涓涓细流，最终汇聚为势不可挡的汹涌波涛，甚至孩子专注力提升的显著成效，会到来得比想象中更早。

教会孩子明确注意对象

在本节的开头，我们先来问孩子两个问题：

“你知道从一楼到五楼有多少台阶吗？”

“你知道我们家楼下有几棵桂花树吗？”

你的孩子能回答出与此类似的两个问题吗？如果能，那么恭喜你，你孩子的注意力已经很不错了，无需大费周章训练，只需稍加引导即可；反之不能，那么就需要慢慢开始训练了。

事实上，大部分的孩子对这两个问题都不能给出准确的答案。这是因为这两个问题中提到的观察对象都是孩子非常熟悉的事物，但正因为孩子对它们太熟悉了，反而往往不会留意这些细枝末节，这就是我们常说的“熟视无睹”。

曾经有人做过这样一个有趣的心理测验：

· · ·

在德国一个村镇，有40名世界著名的心理学家正聚集在一起开会。突然，有个村民冲进来，紧接着一个体型高大的人端着枪跟着跑了进来，两个人开始了生死搏斗。

心理学家们一个个被吓得目瞪口呆。此时一声枪响，农民和男人一起跑了出去。

现场寂静了差不多20秒，这时，主持人说："大家别慌，这是一个心理实验，大家把刚刚自己看到的情况，尽可能地写下来，能写多少就写多少。"在收上来的材料中，主持人发现，心理学家们在回忆这一事件时产生了十分惊人的差别。

在这40名心理学家中，只有4个人记得拿着枪的人是光头，其余的人甚至不记得那个人所穿短衫的颜色。大部分人的错误率在20%～50%之间，只有一人回忆中的错误率少于20%。

· · ·

在这个实验中，大家都只关注了事态的发展，忽视了事件的主体，因此产生了很大的偏差。

其实，这是一种非常普遍的生活现象。但是，这种忽视会导致一种认识习惯，就是在需要关注的事情上却没法集中注意力，降低了做事的效率。

所以，家长们想要提高孩子的注意力和延长保持专注的时间，就要让孩子明确注意的对象，不再对事物"熟视无睹"。至于具体怎么做，我们可以参考以下方法：

（一）让孩子有意识地观察周围的事物

要提高孩子的注意力，就要让孩子明确需要被注意的对象。做任何事情，都要有目的地去做，不能像无头苍蝇一样，四处乱撞，否则基本不会发现任何有价值的东西。平时可以教孩子留心观察周围的事物，以此来使孩子养成对事物迅速集中注意力并加以分析、判断的能力。

能让孩子留心观察周围事物的方法有很多。我们可以跟孩子做这样的游戏：在带孩子出去玩的时候，和孩子讨论路上遇到的人和事。比如，提醒孩子注意气候的变化、周围树木花草在不同季节的模样；让孩子观察路上的汽车是什么牌子、什么颜色的。还可以观察行色匆匆的人们都穿着什么衣服，猜测他们的状态和职业。

（二）强化孩子的有意注意

孩子的注意力可以分为两个方面：有意注意和无意注意。

有意注意是指积极主动的注意，需要主观意识的控制与调节，有时甚至还需要以意志力来维持。比如，司机在开车时，既要注意路面，又要注意信号灯，同时还要注意来往的行人和车辆等，不能分心，这就是有意注意。

无意注意一般由外部因素引起，也可以说它是直接由兴趣引起的，一旦引起兴趣的因素消失，注意力也就无法保持下去了。比如，一堂精彩的课，孩子很容易被老师幽默的语言和灵活的教学内容所吸引；而相反，枯燥无味的课堂，只能让大多数的孩子走神。

因此，要提高孩子的注意力，必须要强化有意注意。

首先，我们可以有目的地给孩子布置一些任务，引导孩子的主动注意。比如，家里种了一盆花，这盆花不一定会吸引孩子的注意，但如果我们对孩子说："这是一盆风信子，买花儿的时候，老板没告诉我是什么颜色的。等开花儿了，我们一起来看看到底是什么颜色的吧。"这样，孩子的好奇心被激发出来，就会多关注这盆花。

这是因为注意是为任务服务的，任务越明确，人对任务的理解越深刻，完成任务的愿望越迫切，注意就越能集中和持久。

其次，年龄较小的孩子还没有较强的自觉性和对学习的责任感。虽然此时孩子也会因为某件事情而集中注意力，但是维持的时间往往不长。年纪小的孩子之所以能关注自己的学习这件事，通常是因为父母和老师的不断督促。而随着年龄的增长，孩子的认知会越来越成熟，对一件事情的注意力也会越来越持久，关注这件事的出发点也会从被迫转变为自觉。因此，要想使孩子的注意持久，就不能只要求孩子做什么，甚至强迫他做什么，而是要让他知道为什么这样做。

只有讲明意义，才能激发孩子做好这件事的愿望；只有任务明确、愿望强烈，他的注意力才能持久。

（三）“转移”≠“分散”

相信大家都听过“望梅止渴”的故事。天气燥热，曹操大军疲惫不堪。曹操为了保证行军速度，谎称前方有一片梅林，让士兵们再坚持一下，就能吃到又酸又甜的梅子了，以此来鼓舞士气。士兵们听了曹操的话，就好像真的吃到了梅子一样，精神也振作起来，终于坚持走到了有水的地方。

“望梅止渴”使用的就是转移注意力的方法，曹操因而才保证了行军的速度。所谓转移注意力，是指一个人能够及时主动地将注意力从一个对象身上调整到另一个对象身上。

说到这里，可能很多父母会发出这样的疑问：不是应该教孩子专注吗？为什么还要训练孩子转移注意力呢？有此疑问的父母可能把注意力转移和注意力分散弄混了。我们从下图中来看看注意力转移和注意力分散的区别，相信看完后，你会明白其中的不同之处。

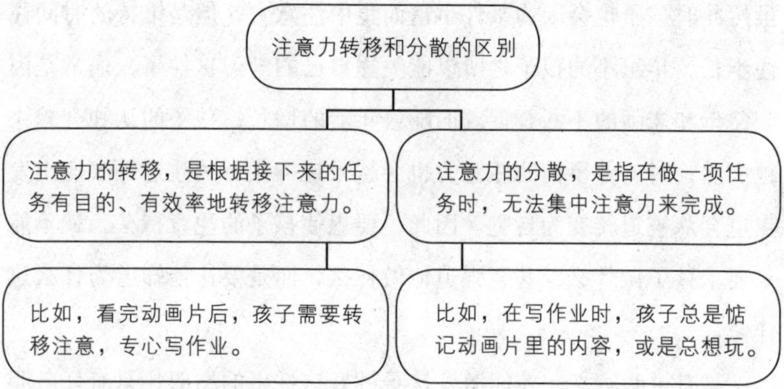

事实上，一个人注意力转移的速度是思维灵活性的体现，也是判断其注意力是否集中的保证。每一次注意力转移，原来处于注意范围中心的对象便移到注意范围中心以外，而另外的新对象进入注意范围中心，整个注意范围的图景便发生了变化。

通俗地说，你从做这件事转移到做另外一件事的时候，这件事对你是否还有影响？为了更好地向家长们阐述转移注意力的重要性，我们来举例说明一下。

比如，孩子在看完动画片《熊出没》后，要完成数学作业，此时就要求孩子迅速忘记《熊出没》的情节，把注意力转移到数学作业当中来。再比如，孩子在完成数学作业后，接下来做语文作业的时候，如果注意力的转移能力不佳，在做语文作业的时候，错误率势必会增加，完成作业的时间也会拖长。

如果孩子拥有了良好的注意力转移能力，就会迅速地把注意力从原来关注的事情上转移到现在正在做的事情上，并全身心地投入当下的事情中去。良好的注意力转移能力表现在两种对象之间的转换时间短、效率高。

影响孩子注意力转移的因素有以下三个方面：

1. 对原来事务的注意集中程度

孩子对原来做的事项沉浸其中时，注意力是高度集中的；当事项发生转换时，孩子往往不能及时调整自己的注意力，因而对新事件的专注度就不足。比如，孩子兴奋地玩过一轮游戏之后，很难及时全身心投入地去温习功课。

2. 新的事项能否吸引孩子

如果接下来发生或将要做的事是孩子更加感兴趣的，他的注意力就会迅速转移到新的事项上。比如，当孩子在玩游戏时，如果他更感兴趣的球赛马上开播，那么他往往会放弃游戏，专心看比赛。

3. 孩子的自控力

自控力强的孩子，比自控力弱的孩子更善于主动、及时地进行注意力转移。

知道了是什么因素影响孩子的注意力转移，那么接下来，父母需要学会的就是如何训练孩子的注意力转移，以达到让孩子专注做事的目的。

下面我们推荐两个适宜训练注意力转移的小游戏。

（1）抓鸭子游戏

游戏规则：

参与人数不限。抓鸭子游戏一共就有四句话“抓鸭子，抓几只，抓 N 只（随机说数字），抓着了 / 没抓着”，参加的人依次说下去。如果是抓着了就要学鸭子的叫声嘎（抓住几只，学几声），如果没抓着就再重新说一遍这四句话。如图所示：

这个游戏看起来简单，但玩起来需要注意力非常集中，且要不停地根据数鸭子的数量判断“嘎”的次数；根据抓到了还是没抓到这层信息，判断如何继续游戏，这就需要不断转换注意力。

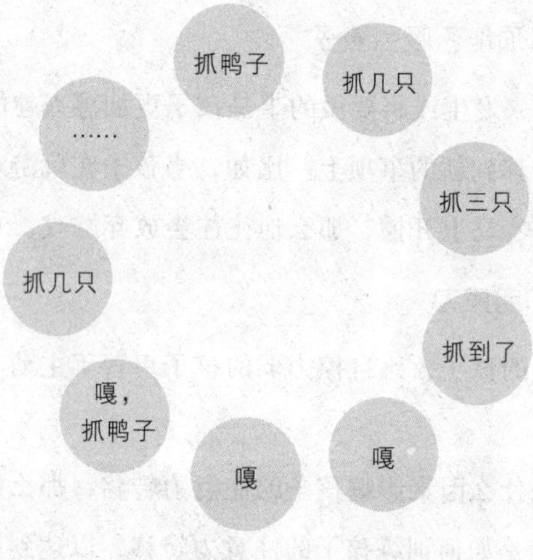

（2）萝卜蹲游戏

游戏规则：

①将参加活动的参与者分成几组。每组可以只是一个人，也可以是好多人。

②将每组用不同颜色的“萝卜”命名。比如我们有5个参与者，就命名为：黄萝卜，白萝卜，绿萝卜，青萝卜，红萝卜。

③随机选中其中一个萝卜为开始，这个成员边做蹲起动作的同时边说“X萝卜蹲，X萝卜蹲，X萝卜蹲完Y萝卜蹲”。说完，立刻用手指代表相应颜色萝卜的人。

比如从黄萝卜开始，则黄萝卜组的成员边做蹲起边说“黄萝卜蹲，黄萝卜蹲，黄萝卜蹲完绿萝卜蹲”，说完的同时用手指绿萝卜组。

④如果黄萝卜组最后指定的萝卜颜色不存在，或者黄萝卜组用手指的与口中说的萝卜小组颜色名字不符，则黄萝卜组被淘汰。

如果被指到的绿萝卜组反应迟钝，没有及时开始新一轮动作和口令，则也被淘汰。

⑤如此循环，直到场上还剩下最后一个，他就是胜利者。

（四）训练孩子的注意力分配能力

说到注意力的分配能力，很多父母可能觉得奇怪：孩子集中注意力、一心一意做好一件事情不是更好吗？为什么还要训练注意力的分配能力？

那么，我们先来了解一下什么是孩子的注意力分配能力。这是指孩子在同一时间内把注意指向不同的对象的能力。诚然，孩子集中注意力一心一意做好一件事情是对的，但在现实生活中，人往往需要在同一时间内处理好几件事情，得同时关注多个方面，这时需要人将注意力进行合理分配，否则就会无法集中注意力，专注的时间也会很短。

以孩子上课听讲为例。孩子需要一边听老师讲课，一边记笔记，还要一边动脑思考，领悟老师所讲解内容中的含义。可见，孩子必须养成“一心多用”的能力，才可能将一堂课的内容百分之百掌握。

事实上，人的注意力是有限的，我们不可能同时关注很多事情。非要什么事情都注意到，最后往往是什么事情都做不好。但是，在孩子对各注意目标都比较熟悉的情况下，我们可有意识地培养孩子同时注意多个目标的能力。做事时把每个目标都照顾到，也就是将注意力合理分配。

训练孩子的注意力分配能力，对孩子来说，有以下几个好处：

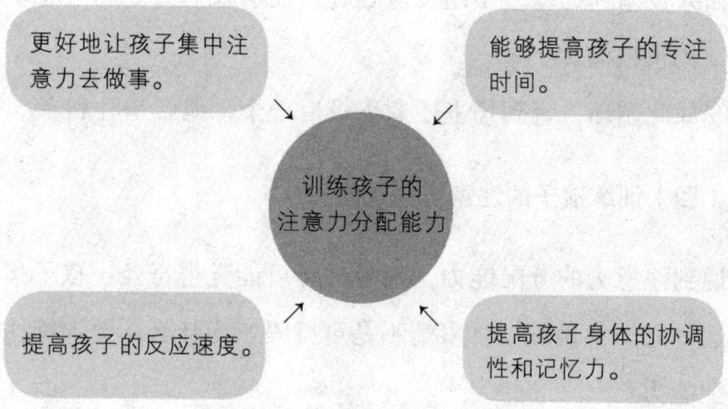

经过实践活动证明，注意力的分配是可行的，孩子在做事和学习时可以做到“一心二用”，甚至“一心多用”。

在开启孩子的注意力分配能力训练之前，特别提醒家长们：孩子的注意力分配有两个条件，如下图所示：

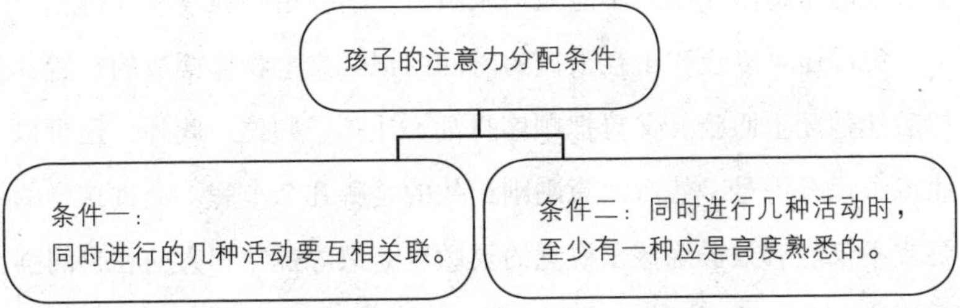

为了更好地让父母明白这两个条件对于训练孩子注意力分配的重要性，下面分别进行说明：

条件一：同时进行的几种活动之间要互相关联。比如，有的孩子在学吉他的时候，会边弹边唱，就是借助了“弹”和“唱”之间的联系，达到注意力的合理分配。

条件二：同时进行几种活动时，这些活动里至少有一种应是孩子高度熟悉的。当从事一种活动时达到了一定的熟练程度，孩子就能腾出大部分精力去关注相对来说不太熟悉的活动，这样就能保证几种活动同时进行，提高做事的效率。比如，学生大都可以边听讲边记笔记。这是因为对学生来说书写已经达到非常熟练的程度，才能和听讲相互配合，有条不紊地进行。所以，在孩子训练注意力分配能力的同时，一定要注意，不能让孩子把注意力主要分配在陌生的事情上，那样就违背了注意力分配的初衷，而且也做不好事情。

要训练孩子注意力的分配能力，父母可以参考以下几种游戏：

（1）边走边看

父母可以让孩子边走边看。比如放学的路上，在一瞥的瞬间，尽可能多地让孩子记住看到了什么。然后让孩子回忆，把看到的事物尽可能多地说出来，最好能写下来，以加深记忆。在日常生活中，父母要时常提醒孩子，不能只用眼睛看，还要用心观察和分析。

父母还可以让孩子在很短的时间内记忆桌上物体摆放的位置，然后让他闭上眼睛，父母把顺序打乱，让孩子归位。此外，还可以让孩子记车牌号，然后回想刚刚记住的是哪几个车牌。通过这样的游戏不仅能有效锻炼孩子视觉的灵敏度，锻炼视觉和大脑在瞬间强烈的注意力，还可以使孩子关注事物的时间更长。

（2）辨词游戏

游戏规则：父母依次念词语，孩子跟着父母一起念，如果听到跟水果有关的词语就拍两下，听到和玩具有关的词语就拍一下，其他的不用拍手。

如，父母可以念小狗、西瓜、苹果、小汽车、白菜、小鱼、棉花糖、积木、大树、皮球、香蕉等。让孩子依次跟随念词，做拍手游戏。

（3）音量游戏

把音频打开，先让孩子听一段时间，然后调低音量，调到孩子刚刚能听到的程度，让孩子集中注意力听。过一会儿，再调低声音，让孩子听完整段内容。然后让孩子复述听到的内容，如果孩子能够说得比较完整，就说明注意力比较集中。

（4）指令游戏

比如，父母和孩子玩“大西瓜、小西瓜”的游戏，一个人下口令，一个人做动作。当说大西瓜时要用手比划出小西瓜的动作，当说小西瓜时要用手比划出大西瓜的动作。

你想让孩子在做事和学习时变得专注起来吗？那么，不妨按照以上方法训练孩子对注意力的分配能力吧。开始孩子可能会有点儿不习惯，但长期坚持之后，孩子就会大受裨益，并且受用一生。

训练孩子的注意力广度和稳定性

（一）训练孩子的注意力广度

所谓注意力广度，指的是一个人在同一时间内能清楚地觉察或认识对象的数量。

据科学家研究表明：一般说来，在一秒钟内，一个人可以注意到 4 ~ 6 个相互间有联系的字母，5 ~ 7 个相互间没有联系的数字，3 ~ 4 个相互间没有联系的几何图形。

当然，由于孩子的年龄较小，他们的注意广度要比成年人小得多。但是，随着孩子的成长和父母对孩子有意识的训练，其注意广度会不断得到拓展。

举个例子来说，你一眼就能注意到 11 位手机号码数字，而你的朋友却只能注意到其中 5 位数字。那么你的注意广度就比你的朋友要好很多。对于孩子来说也是一样的道理。如果你的孩子一眼能看到 11 个文字，而别的孩子只能看到 5 个文字，那么，哪个孩子的注意力广度大呢？哪个孩子读书效率高呢？答案不言而喻。

在现实生活中，我们常常抱怨孩子学得慢、读文章时磕磕绊绊、不能专注地做一件事情等等，殊不知，一部分是孩子注意力广度低下的原因。影响孩子注意力广度的因素有很多，其中有 3 个因素值得父母好好关注：

环境因素	人为因素	自身因素
给孩子一个安静、整洁的环境，父母尽量不要在家里打牌或吵架，尽力减少电视、手机等带来的干扰	当孩子在专心做一件事或学习的时候，父母一会儿送一杯水过去，一会儿送吃的东西进去，干扰了孩子的注意力	孩子情绪的好坏会严重影响注意力的集中

拓展孩子注意力广度的方法有很多，最简便易行的莫过于使用著名的“舒尔特方格”训练法了。“舒尔特方格”训练适用于3～15岁的孩子，简单容易操作。下面就让我们一起来学习如何用“舒尔特方格”训练孩子的注意力吧。

1.“舒尔特方格”训练的主要内容

提高视幅：所谓视幅，一般是指人的眼睛在阅读书籍或观看物体、图像时其眼睛停顿一次所能看清内容的一个有效幅面。提高视幅能够帮助孩子提升阅读速度。扫一眼，视觉系统所能处理的信息量增加了，那么孩子的阅读速度、读题速度自然也就提高了。练习的时间越长，孩子的阅读速度就会越快，做事的效率自然也会越高。

提高注意力及其稳定性：通过练习“舒尔特方格”，可以让孩子保持长时间的专注力，进而提升孩子的注意力稳定性。

提高手眼协调能力：“舒尔特方格”使用的是数字和文字，能够让孩子手眼并用，进而提高做事的效率，高效地利用时间。

2.如何操作“舒尔特方格”

准备几十张白纸和一支笔，在纸上画上N×N厘米的方格，然后打乱顺序，在格子里填上 $1 \sim N^2$ 间的数字。表格的制作样式如下图所示。随着训练的难度升级，表格的宽度逐渐增加。

我们用 5×5 的表格来举例说明一下。

“舒尔特方格”示意图

11	9	8	17	7
15	23	4	3	22
16	2	10	25	6
12	1	5	13	24
20	19	21	14	18

训练时，要求孩子用手指按照从1到25的顺序依次指出其位置，同时诵读出声，父母在一旁记录测评所用的时间。数完 25 个数字所用时间越短，孩子的注意力水平越高。

具体操作方法：

让孩子坐在椅子上，身体坐直，保持眼睛与表格的距离在 30 至 40 厘米之间。让孩子紧盯着表格。

让孩子查看表格里所有的数字，看清楚后，按顺序找出所有的数字。

训练孩子尽量不要转动眼球和眨眼。

父母要计时、记录，当孩子的速度提升后，及时对孩子提出表扬鼓励。

3. 进行“舒尔特方格”训练的注意事项

在进行“舒尔特方格”训练时，告诉孩子不能因为要找一个数字就忽略其他的数字，也不要一行一行地察看，而应该纵观全局，快速记忆每个数字的位置。

在训练的过程中，不能每天使用同一张表格，同一张表格最多连续使用两次。需要根据孩子的具体情况制作出不同的表格；此外，表格里的数字和难易程度也要有所不同。

进行“舒尔特方格”训练的时间为每天 5 ~ 10 分钟，如果点完所有数字所用时间连续 10 天都无法继续提升时，就可以调高级别了。

父母每天对孩子进行“舒尔特方格”训练，一段时间后，孩子的注意力将会大有改观，孩子做起事来保持专注力的时间也会越来越长。

最后，需要告诉各位父母的是，进行“舒尔特方格”训练不可急躁，刚开始练习时没达到效果是很正常的。对于 3 ~ 7 岁的孩子可以从最简单的 9 格开始练习；7 ~ 12 岁的可以从 25 格开始练习。练习一段时间后，孩子的能力提高了，父母就可以把舒尔特表中的表格增加到 36 格、49 格、64 格乃至 81 格。

（二）训练孩子的注意力稳定性

什么是注意力的稳定性？所谓注意力的稳定性，是指孩子在同一项活动上，注意力维持的时间长短，也叫注意力的持久性。但是，时间的长短并不是衡量注意力是否集中的唯一标准，还要把这段时间的效率考虑进去。

孩子注意力的稳定性表现在广义和狭义两个层面：

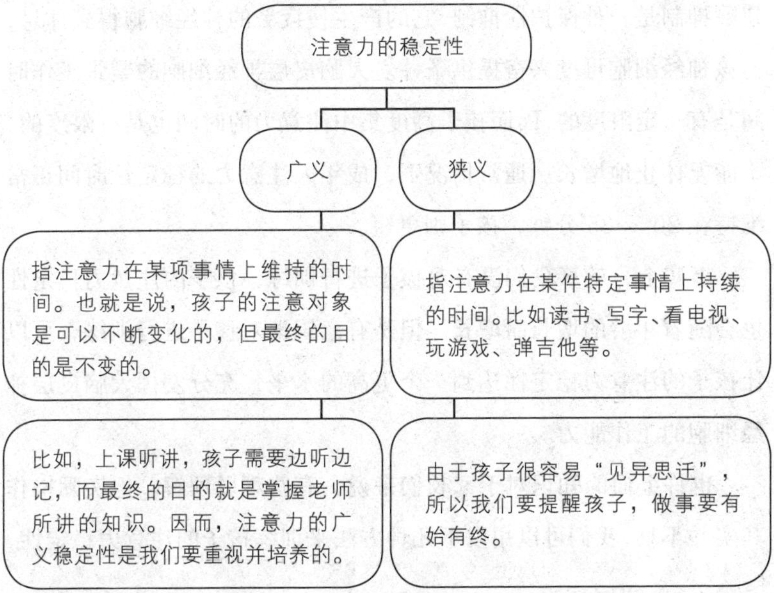

保持注意力的稳定性，对孩子专注做事有很大帮助，根据研究表明：幼儿时期，孩子的注意力稳定性存在性别差异、年龄差异和个体差异。所以，作为父母，我们要从小训练孩子的注意力稳定性，越早效果越好。

在开始训练之前，我们首先来了解一下是什么控制着孩子注意力的稳定性。

孩子注意力的稳定性是由大脑皮层神经细胞的工作能力决定的。大脑皮层神经细胞的工作能力也有一定限度，主要表现在工作强度和时间两个方面。

就时间限度来说，孩子的大脑皮层神经细胞持续兴奋的时间超过一定限度，就会发生超限抑制，这时神经细胞将由兴奋转入抑制。超限抑制是一种保护性抑制，它的产生使疲劳的神经细胞得到休息，为该神经细胞再度兴奋提供条件。大脑皮层神经细胞的紧张工作时间是有一定限度的，因而孩子高度集中注意力的时间也是有限度的，不能无休止地增长。通常情况下，成年人注意力的稳定性时间正常维持在 20 ~ 35 分钟，孩子则更短。

事实上，就算我们没有对孩子进行训练，孩子的注意力稳定性也会随着年龄的增长而增长。但是有意识地对孩子进行训练，可以让孩子的注意力稳定性达到一个更高的水平，充分发挥大脑皮层神经细胞的工作能力。

也许上面的知识对于家长们来说，有些难以理解。但实际操作其实并不难，我们可以用以下几种方法来训练孩子的注意力稳定性:

（1）速写练习

父母可以为孩子计时练字，具体的练习可以参考下表：

练字计划表

时间	字数	是否进步
周一 5 分钟		
周二 5 分钟		
周三 5 分钟		

每天坚持练习，记录下孩子平均每分钟写下的字数，坚持一个

月，观察孩子的注意力有怎样的变化。

（2）“天女散花”游戏

父母准备一些大小合适、颜色多样的玻璃球，然后把球混在一起。用手迅速抓起一把球，然后松手丢到一个盒子里，等到球全部落下，让孩子迅速看一眼盒子里的球，之后闭眼告诉家长每种颜色的球有多少。父母检查一下正确性，重复练习一段时间，相信孩子的专注力必然有所提升。

（3）鼓励孩子说说动画片里的内容

当孩子看完一个动画片时，父母可以鼓励孩子说说刚刚看到的内容。如果孩子完成有困难，父母可以先引导孩子，顺便给孩子一些简单的提示，比如，动画片里的小男孩叫什么名字啊？他的妈妈叫他去做一件什么事情啊？那个跟小男孩说话的叔叔是好人还是坏人啊？……需要注意的是，父母可以给一些提示，让孩子自己去回忆答案，而不要直接告诉他答案是什么。

（4）听闹钟

父母找一个闹钟，让孩子听它的滴答声，并让孩子伴随着闹钟的声音，在心中默念：“嘀嗒、嘀嗒、嘀嗒……”第一天念 10 个，第二天念 15 个，第三天念 20 个，第四天念 25 个，以此类推，每天做 8 次。这样做 5 ~ 6 天，孩子的注意力稳定性会得到明显提高，专注力稳定的时间也会越来越长。

（5）拼积木

父母和孩子一起玩堆积木的游戏，但是要和孩子制订游戏规则。比如，一次游戏时间是 15 分钟，在玩游戏的 15 分钟里，父母不接受和游戏无关的任何请求，比如喝水、上厕所、吃东西、洗手等。在堆积木的过程中，父母可以给孩子下达指令，比如拼成房子，拼成宝塔，拼成飞机，找出 5 个正方体，找出 3 个长方体，等等。假如孩子遇到困难，父母可以适当鼓励和协助。

（6）圈数游戏

父母在一张白纸上随意写下一些数字，然后让孩子把某个数字后面第三个数字全部打圈。注意：这些数字一定要杂乱无章，不能按数字的大小顺序来写。比如，让孩子在以下一堆数字里找到 6 这个数字，然后把 6 后面第三位数字用圆圈圈出来：

45631259086432100987543203457782500813542673974210040726375408632547

以上这些训练孩子注意力稳定性的方法相对简单，可以随时拿出来训练，但是在训练的过程中，一定要减少外界环境对孩子的影响。此外，训练的内容也要从孩子的兴趣出发，不能强迫孩子。经过适当的方法、适度的训练，相信孩子的注意力一定可以得到很好的改善。

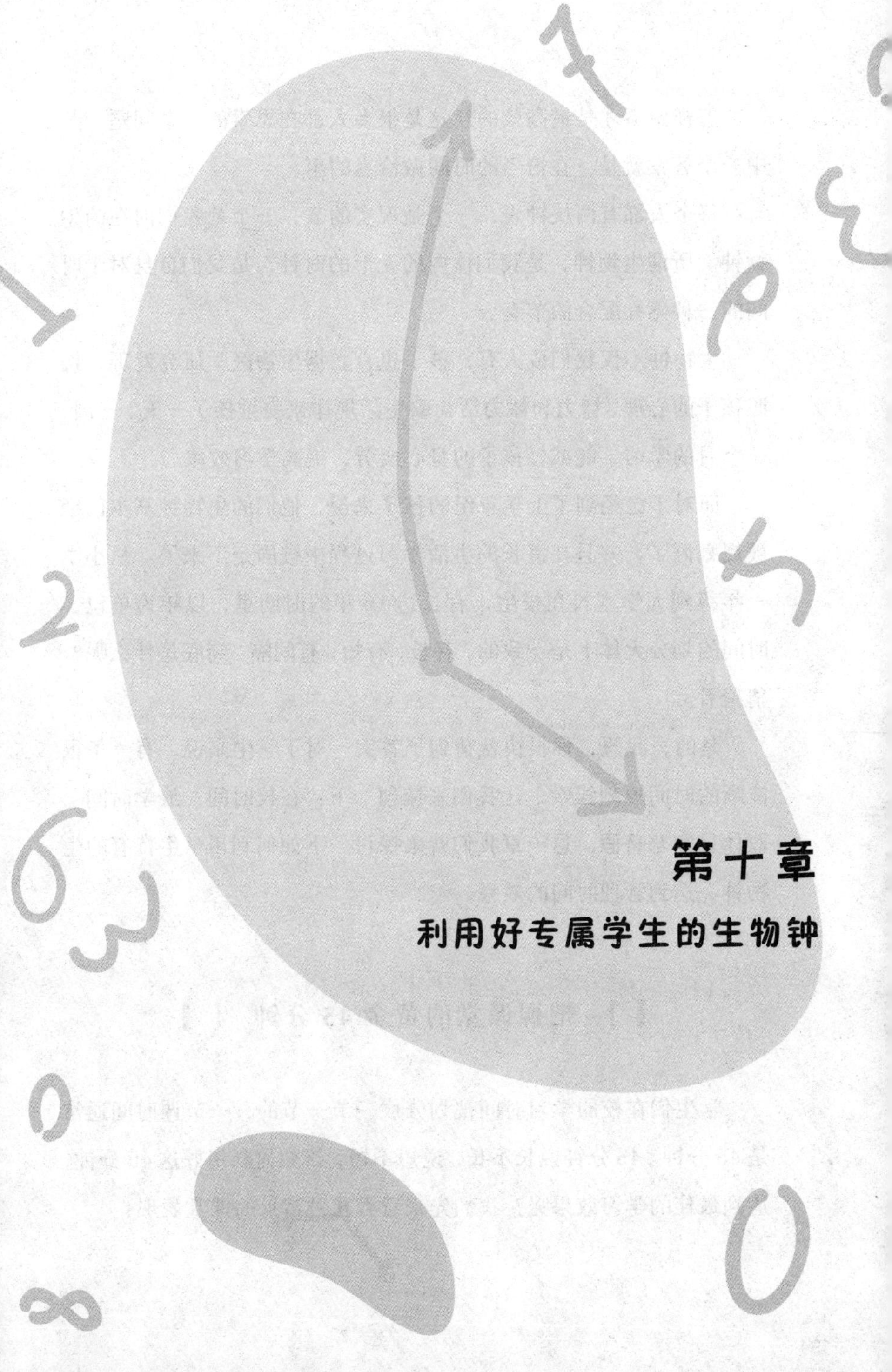

第十章

利用好专属学生的生物钟

怎样做事才是最高效的？这是很多人都在思索的一个问题。其中一个答案就是：在恰当的时间做恰当的事。

每个人都有两块钟表，一个是现实的表，一个是我们内在的生物钟。所谓生物钟，是我们体内的无形的时钟，是我们自身对于时间的一种感知配合的节奏。

生物钟不仅我们成人有，孩子也有。据生物医学研究发现，按照孩子的心理、智力和体力活动的生活规律来安排孩子一天、一周、一个月的学习，能减轻孩子的身心疲劳，提高学习效率。

而对于已经到了上学年纪的孩子来说，他们的生物钟基本已经被规划好了，并且在漫长的生活学习过程中被固定下来了。从小学一年级到大学本科在校生，有长达16年的时间里，以年为单位，时间的划分大体上是一致的，有长，有短，有间隔。到底是什么呢？猜猜看。

是的，我想，你很快就猜到了答案。对于学生来说，有一条很清晰的时间规划线索，让我们来梳理一下：在校时间、放学时间、双休日和寒暑假。这一章我们就来探讨一下如何利用学生特有的生物钟，达到管理时间的效果。

把握课堂的黄金45分钟

学生们在校的学习时间被划分成一节一节的，一节课时间通常是45分钟。45分钟说长不长、说短不短，该如何利用好这45分钟，达到最佳的学习效果呢？我们先来看看几种常见的课堂表现：

· · ·

学生皮皮：上课东张西望、坐不住，一会儿玩铅笔，一会儿抠橡皮，心里数着时间过，总觉得45分钟很长。对老师讲的内容，有的听进去了，有的没听进去，偶尔还和同桌说说悄悄话。当老师提问的时候，一问三不知，把头缩得如鸵鸟状，等着其他同学回答。可别人答题的时候，他又不认真听。

学生朵朵：听课很认真，坐得直直的，从来不和同学上课聊天。但是，对老师讲的内容不记笔记。很多有疑问、不理解的地方，不愿意动脑子去想，仿佛被大脑自动过滤了。当同学回答问题的时候，她也几乎不表达自己的观点。

学生阿亮：上课认真听老师讲解，遇到听不懂的会主动在书上、笔记本上做记录。老师提问时，积极回答问题。自己答错了，就会听听其他同学是怎么回答的，听老师是怎么讲解的。偶尔注意力不集中，但因为提前预习过课程，知道重点在哪里，很快就能自动调整状态。

· · ·

这三个同学，不用多言，大家也一眼能够看出来谁的课堂表现更好一些，谁的45分钟利用率更高，谁的考试成绩更好。有效利用课堂45分钟并不难，把握以下几点就能做到。

（一）认真听老师讲课

虽然一堂课只有45分钟，但是老师可能为了这45分钟准备了很长时间。要把重点、难点都浓缩到这45分钟内需要很高的技巧。一般老师在讲课的时候会区分重点，有的地方详细讲，有的地方简单带过。所以，学生如果注意力不集中，稍微跑跑神，就会错过重要信息。因此，认真听讲的孩子能够做到事半功倍，在课堂上就把学习的难点、重点解决了，课后自然不需要花大量的工夫去学习了。

有的孩子上课不注意听讲，是因为注意力被别的事物吸引走了，比如玩新买的铅笔盒、抠橡皮、用彩笔在书上乱画等等，都是常见的行为。所以，家长要特别注意，不要给孩子买功能性和装饰性过强的文具，够用就好，避免孩子上课时注意力不集中。学生在上课前，就要准备好这节课需要用到的文具，摆好，把桌面清理干净，上课时只专心致志地听讲。

（二）积极回答问题

不同的老师有不同的授课风格，但一般老师都会采用讲授知识加提问互动的方式来上课。一直讲容易枯燥、无聊，而且也不容易掌握学生的听课效果。所以，老师会时不时地向学生提问。听老师讲课，是学习知识的过程，而回答问题，立刻就可以对自己学到的知识进行验证。

学到的东西马上就能运用，这岂不是很有效率？

家长可以鼓励孩子在老师提问时，先默默把问题复述一遍，认真思考，组织好语言后，再举手回答问题。要积极地表达，不要害怕。有的学生因为担心回答问题时出错被老师和同学们嘲笑，而不敢举手。其实，完全没有必要担心。认真回答问题就是在帮助老师验证教学效果和验证自己的学习效果。很多老师都希望学生在回答问题时，能够出一点儿错。因为只有这样，老师才能知道哪些知识点还有“漏洞”，学生们还没有充分掌握。

同时，同学们一起学习，大家都是接受新知识，每个人都会出错，没有人能百分之百答对。如果有人能够做到，那他也没必要听课了。家长可以给孩子讲明这一点，鼓励孩子不要怕被人嘲笑。是嘲笑他人的人有问题，而不是回答错误的同学有问题。

大胆充分地表达，无论对错。相信老师和同学们都会回馈以积极、鼓励的眼光的。

（三）听听同学的答案

性格内向的学生可能会因为担心出错而不敢回答问题。外向的学生恰恰相反，他们总是积极回答问题，无论对错从不气馁，但又常常犯下另一类错误：不能够认真听别人的答案。

也许是性格使然，也许是习惯不好。总之，不听他人回答问题，上课的效果会折损一半。为什么这么说呢？听老师讲课，就好比听师傅传授武功；而听同学回答问题，就好比相互切磋比试。“知己知彼”才能同步提升。

老师提问时，面向全班几十个人，不可能每个人都问一遍，只能选择几个人作为代表来回答问题。没有站起来回答问题的学生，如果自己心中有了答案，就和同学的答案对照一下：如果同学的答案是对的，就要考虑一下自己是不是和他一样，还有没有更好的方法；如果同学的是错的，判断一下，他错在哪里，而什么是正确的。

边听边思考，才能够把知识学得透彻，也才能拓展运用知识。

（四）带着问题来听课

· · ·

上美术课的时候，老师让同学们画秋天。晓光画的秋天，叶子红得像火一样。而同桌小丽画的秋天，树叶还是绿色的。两个人画的不一样，就吵了起来。晓光说小丽画的不对，秋天叶子都变色了。小丽说她家小区院子里的树叶在秋天就不变色。两个人争执不下，就把老师叫了过来。美术老师笑着让孩子们先想一想，等这节课上完了，老师再告诉他们答案。

这一节课，两个孩子都异常专注地听讲，除了美术色彩的知识，孩子们还学到了有关自然的知识。树叶之所以是绿色的，是因为叶子中含有叶绿素。可树叶中除了有叶绿素外，还有藻红素、叶黄素等许多色素，只是数量很少而已。到了秋天，落叶树的叶子中，叶绿素慢慢褪去，藻红素、叶黄素便露了出来，因而会变色。不落叶的树，叶绿素还在，叶子就不变色了。所以，两个人的画都是符合事实的，小丽和晓光都笑了起来。

· · ·

带着问题去听课，能够充分地调动大脑的学习机能。有了问题，我们会不停地问为什么，我们的思维就被打开了。孔子说“学而不思则罔”，所以，听课是一个思考与学习并重的过程。如果只听而不去思考，很快就会把听到的那些知识忘掉。

带着问题去听课，还要学会质疑老师和同学。要想想老师讲的话对不对，多思考几个“为什么”，再思考一下同学们给出的答案对不对。当然，质疑老师可不是为了给老师挑错，重点在于思考的过程。

如果发现了问题，不要马上喊出来，因为这会扰乱课堂秩序，给老师和同学们造成困扰。可以把那些自己不懂的、有疑惑的地方记录下来，下课后和同学们一起研究，找老师继续请教。

另外，遇到有疑问又不能确认的地方，不可过度思考。很多同学在听课的时候，被问题“卡住”，脑袋里一直盘旋着这个问题，一个劲儿地琢磨。后面老师讲了什么，全都没有听到了，这样就得不偿失了。

（五）课堂笔记记什么

从小学开始,老师们上课最爱说的一句话就是“把这个记下来”。你会发现，随着年级增长，老师说这句话的频率越来越高。因为，知识量越来越大，知识的难度也越来越高了。

俗话说“好记性不如烂笔头”。课堂上老师讲的内容，虽然学生们觉得听明白了，理解了，但如果不记下来，很快就会忘记。到做作业的时候才发现，自己有些知识并没有真的“学会”。这个时候，如果有好的习惯，勤于记笔记，随时翻一翻，帮助回忆一下老师的讲课内容，那就再好不过了。

既然知道了记笔记的重要性，那么笔记到底该怎么记呢？应该记什么内容呢？有人会说，很简单嘛，把老师的板书全部记下来就好了——这样做对吗？

小晨的笔记就是这么记的。小晨每节课都认真地记录下来老师的全部板书，是全班笔记记得最详细、最认真的，但是他的成绩总是在全班中下游徘徊。

记笔记并不是要求把老师的讲述一字不差地记录下来。学生在课堂上的主要任务是听，是理解。记笔记是辅助。大脑是主将，手是副将。小晨在记笔记的时候，常常为了记笔记而记，其实并没注意到老师讲什么，以至下课再看笔记，全然不知道是什么意思。这样记笔记，就是丢了西瓜捡芝麻。

上课记笔记要着重记录老师讲的书上没有的知识点。那些书上已讲明的概念、定义就没必要再记了，应该把注意力放在老师的讲解思路上。记笔记要善于运用符号、缩写。笔记是给自己看的，只要自己能看懂就可以了，另外利用符号能够有效缩短记录时间。趁着老师讲课停顿的时候记笔记，课后趁着记忆新鲜的时候，把课上没有记录完整的笔记补全。

课间 10 分钟能做什么

孩子们的课间 10 分钟是怎么度过的呢？常见的有以下几种：

· · ·

下课铃声一响，男孩子们蜂拥而出，跑到走廊里嬉笑打闹。瞬间，整个教学楼都喧嚣起来。叠罗汉、斗鸡……各种稀奇古怪的玩法都有，不得不佩服孩子们的创造力，但同时也为他们捏一把汗，一转眼，就看到一个孩子被推搡到地上；稍不留神，一个孩子的手被门夹住了……

也有一群人朝着厕所奔过去。忍了一节课了，终于可以上厕所了。孩子们挤在厕所门口，在排队的队伍里又玩耍起来。

不知不觉，五六分钟过去了。

教室里，有的孩子还在埋头苦学，一整个课间都没有抬一下头，只顾做作业或者看书。安安静静的，仿佛整个世界都跟自己没什么关系，一直到下节课铃声响起来。

· · ·

课间 10 分钟是为了让孩子放松大脑、消除疲劳的。上面三种做法都不值得提倡，且存在着各自的隐患。

第一种，一下课就跑去玩耍的孩子，会因为过度兴奋，很难在下一节课开始的时候及时把注意力收回来，会影响听课质量。过于激烈的娱乐活动，也容易造成安全隐患。

第二种，在厕所里排队的时候还在打闹玩耍，更是不可取。因为孩子们着急上厕所，所以一般下课时，厕所会迅速人满为患。排队需要等候的时间太长，孩子如果能稍微迟一点儿去，反而能够错过去排队的最高峰，相比较起来是更节约时间的做法。

第三种，下课还在学习看似非常用功，其实也是不大可取的。下课 10 分钟就是用来调节紧张的上课节奏的。如果不利用这宝贵的时间让自己身心得到休息，那么后面的课程必然会受到影响。人的注意力时间是有限的。有的孩子想着下课的时候抓紧时间写作业，放学后就能多玩儿一会儿了，更是得不偿失。要知道上课的 45 分钟黄金时间把握不好，以后复习需要花更多的时间才能补回来。

高效利用好这课间 10 分钟，做一些有意义的准备工作，充分地休息，反而有利于提高一整天的学习效率。

那么，课间 10 分钟的时间该怎么利用，才是有效的呢？

（一）答疑解惑的好时机

听课留下的疑问，这个时候正是解答的最好时机。一般来说，老师还没有立即离开教室时，孩子马上去向老师询问，就能得到准确答案。思考一下，是思路错了，还是因为忽略了某个重要的信息，又或者是所包含的知识点没有掌握……弄明白问题所在，就能更好地掌握课堂知识了。

向同学请教也是好办法。自己的笔记记录得不够清楚的地方，可以求助于同学。有疑惑的知识点，也可以询问同学。大家的学习程度差不多，理解能力也差不多。同学之间能用彼此之间能够理解的方式，再给对方讲解一遍，对双方来说，既是很好的交流，又都能巩固一下新知识。

还可以和同学一起聊聊有趣的话题。下课了，同学们一般会三两个聚在一起讨论问题。有的分享自己周末玩耍的乐趣，有的分享最新最好玩的游戏，还有的聊起了明星八卦趣闻……其实，这种闲聊把彼此不同的看法和新鲜的信息聚集在一起，有可能产生“智慧”的火花。

（二）课间活动要分阶段进行

看起来十分紧张的课间休息时间，如果利用好了，也能产生很好的学习效果。我们可以把课间 10 分钟分成三个阶段进行：

1. 简单整理 2 分钟

把上节课老师讲到的知识内容简单回顾一下，对于一时难以理解的做好标记，回家以后即时复习解决。有些同学误以为学习的时间越长效果越好，于是，他们连课间 10 分钟也不错过，抓紧一切时间写作业。结果，作业也没有做好，还会影响下节课的听课效果。上一节课的问题没有得到解决就开始写作业，效果也不好。大脑长时间运作，非常疲惫，下一节的听课效果也不好。长此以往，整天处于紧张、应付状态，问题会越积累越多。

2. 中间 5 到 6 分钟的活动时间

做一些自己喜欢的活动，比如到操场和同学们玩耍一会儿，聊聊天、踢毽子、跳绳、做操都是不错的选择。让大脑短暂地抽离课堂一会儿，换个项目进行，是更好的休息。

3. 最后两三分钟做准备

准备下节课的学习用具和课本。很多同学在上课铃响起的时候，还因为贪玩没有回到教室。老师都已经开始上课了，才慌里慌张找课本，找作业。这样做，势必会影响听课效果。所以，要预留一点儿时间，为下节课做准备，简单地浏览一下课本，看看下节课的内容，做到心中有数、有的放矢，才能迅速地抓住老师讲课的重点。

（三）与同学和谐相处

在学校里，孩子们学习、做功课、一起参加活动都是在老师和学校的组织下进行的。他们能够真正自由安排的时间只有课间的 10 分钟，这也是少有的不在老师关注下的时刻。

男生打架、女生吵架往往都发生在课间 10 分钟。所以，利用好课间 10 分钟，与同学和谐相处，建立良好的校园人际关系，也是孩子们必须“修炼”的内容。

1. 学会宽容和礼貌

课间，出去活动的同学比较多，难免发生一些肢体上的碰撞。

你推我一下，我还你一下，很容易打起来。也许谁都不是故意的，却因为谁都不肯让步而闹得越来越厉害。

对此，家长平时就要教育孩子不要斤斤计较，宽容对待同学的无心之失，并且要礼貌待人。尤其当自己犯错在先时，及时道歉，而不是争勇好胜，就能避免大部分的麻烦事儿。

2. 站在他人角度看问题

孩子们来自不同的家庭背景，接受不同方式的教育，很难达到观点完全一致。家长可以叮嘱孩子，在与同学们聊天的时候，学着多从他人的角度看待问题，思考问题，而不能只是任性而为。

在孩子年龄小的时候，常常犯一种错误：对自己不喜欢的同学，就怂恿自己的好朋友也不理对方，这与孩子天性中的占有欲或环境造成的不安全、不自信心理有关。家长要先通过观察和交流弄清背后的原因，再帮孩子克服这种心理。可以告诉孩子，每个人有选择朋友的自由。多站在别人的角度看待问题，可以勇于表明自己的立场、表达自己的感受，但不要"绑架"其他人，造成无心的伤害。

3. 控制情绪

· · ·

课间的时候，小慧正在和朋友聊天，突然过来一个同学，拿了一本书，重重地在小慧的脑袋上砸了一下，小慧被砸得两眼冒星星，手里的杯子也掉在地上摔碎了。小慧回头看她，自己并不认识这个同学。小慧非常生气，正要大发雷霆，突然想起来，老师教育过他们要学会控制自己的情绪。于是，小慧压抑住即将爆发的"火山"，冷静地问那个同学什么情况。

那个同学盯着小慧看了一会儿，恍然大悟般连连道歉。

原来，那个同学认错人了——小慧的背影和她的朋友简直一模一样，又都穿着校服。那个同学表示愿意赔偿小慧的水杯，留下了自己的姓名和班级。

· · ·

一个人成熟与否的标志之一，就是在面对不公或者意外情况时，能否控制住个人的情绪，理性处理。如上面的案例所示，小慧表现得就非常好。她避免了一场一触即发的“灾难”，理性地询问对方意图，然后化解了矛盾。我们常常说“冲动是魔鬼”，冲动能够让人变得不可理喻，也容易恶化事态。所以，在跟同学们相处的时候，一定要控制好脾气，不能一触即发，跟炮仗一样。而要先分析判断情势，再做出合理的决定。

在家里该怎么安排学习和生活？

学生们每天放学后至晚上睡前还有很长一段时间可以安排、利用。有的孩子一回到家，书包一扔就出去玩儿了，脑子里完全没有主动写作业的计划，非得家长催着才能进行。有的孩子“快马加鞭”赶作业，作业质量很难保证。但有的孩子对放学后的时间做了详细的安排，学得踏实，玩得尽兴。

如何安排好放学后的时间，不仅关乎作业质量和休息的品质，日积月累，还会影响学习成绩。如果利用不好，随着时间的推移，一知半解的知识越来越多，最终形成巨大的“知识漏洞”，还不得不花额外的时间去补课，实在是得不偿失。

那如何高效地安排放学后的这段时间呢？我们总结了以下几

点，供家长们参考。

（一）充分自由的放松

在学校学习了一天，回到家的孩子已经很疲惫了。由于疲劳和饥饿，大脑反应也会变得迟钝。这个时候，如果强迫孩子立刻写作业，并不是好的选择。所以，刚放学到吃晚饭之前，可以让孩子做点儿他自己喜欢的事儿，比如到院子里踢踢足球，看看动画片，跟小朋友们聊聊天，自由地玩耍一会儿，让身体和大脑都得到充分的放松。晚饭后再开始写作业，孩子的注意力和精力会比较集中。

（二）让孩子独立完成作业

充分休息并吃完晚饭，家长就可以安排孩子写作业了。需要提醒的是，从小学开始就应该给孩子提供一个安静的空间，培养孩子独立完成作业的好习惯。低年级的孩子做作业有障碍，比如有的字不认识，需要家长读题，这个时候家长应该给予帮助。但随着年龄增长，家长应尽可能在孩子做作业时离开，并且保证不打扰孩子。

我们在前文也分析过，有的家长让孩子去写作业，自己却在一旁看电视或者玩手机。这对孩子会造成干扰和影响。孩子在努力写作业，家长却在娱乐、休息，也会让孩子心里觉得不公平。还有的家长，一会儿给孩子送杯水，一会儿给孩子切盘水果，本来是好意，但也会对孩子造成干扰。

那么，对于孩子来说，应该怎么完成作业呢？我们先来看看为什么要写作业。从小到大，写了那么多的作业，相信很多人都对作业“深恶痛绝”。但不可否认的是，写作业是学习很重要的一环。通过课后作业，不仅可以巩固当天所学的知识，还能加深孩子对知识的理解，因为做作业的过程是个运用知识解决问题的过程，每天如此，就会形成潜移默化的能力提升。

1. 做作业之前要先复习

很多孩子为了节省时间，拿起作业本不假思索就开始答题。做到一半，发现不会了，才重新翻书找答案、找解决问题的思路。磨刀不费砍柴工，应该先复习，后做作业。先把当天的内容看一看，翻一翻，或者将听课时来不及深入思考的问题想一想，重新回顾一下老师是怎么讲解的，然后再做作业，就能做到得心应手，省时省力，提高效率。

2. 先改错题，再做新题

这也是回顾复习的过程。先解决遗留问题，把之前老师批改回来的错题改正以后，再开始做新的作业。想一想为什么会出错，到底是思路问题，还是粗心问题。要提醒的是，很多学习成绩好的孩子都有一个非常好的习惯——整理错题本。将每日的错题汇总，到期末复习的时候，再集中回顾，是明智的做法。

3. 用好草稿本

做作业时，要在旁边预备草稿本。比如做数学题，对于不确定的步骤，先打草稿，验算准确后再抄到作业本上，作业本上要尽量减少涂改的痕迹。养成书写干净、少涂改的好习惯，能在关键考试中留下好的印象分，也有助于孩子养成“三思而后行”、反复验证的做事逻辑。

4. 遇到不会的题目怎么办?

我们来看一看，下面的场景你熟悉吗?

· · ·

豆豆在家里写作业，妈妈在拖地。妈妈刚接了一桶水，就听见豆豆喊："妈妈，我这道题不会，你来帮我讲一下。"妈妈放下水桶，就来帮助豆豆讲题。讲完了题，妈妈继续拖地，还没拖两下，又听见豆豆喊："妈妈，快来帮帮我。"豆豆妈只好扔下拖把，继续帮忙。如此这般，一个小时过去了，豆豆光喊妈妈帮忙就喊了五六次。而妈妈呢，一个小时过去了，地还是没拖完。

· · ·

有的孩子，一遇到难题就开口喊妈。而有的妈妈呢，也真的如消防员一般随时待命，无论正在干什么，总会扔下手头的事情，第一时间到位。应该说，这样的家长对孩子的学习是上心的，有求必应。但，这样做对吗？

立刻帮助孩子解决作业问题，容易让孩子产生依赖心理和畏缩心理，稍微遇到点儿难题就放弃了，转而求助父母。正确的做法是：当孩子遇到难题时，鼓励他自己想一想，看看靠他自己能不能解决。有的问题，只要孩子深入思考一下，或者把题目多读几遍，查一下遗漏信息，就能迎刃而解了。

经过了思考仍然解决不了的，就让孩子先把问题放一放，先做其他容易的题，等到最后大部分的作业都完成了，再来请教父母集中处理问题。这样，父母和孩子的时间都是独立的，大家可以先忙各自的事情。

父母给孩子讲解作业题的时候，也应该采用启发提问的方式来帮助孩子。不要看问题简单，就直接把答案或者解题过程告诉孩子，而要不怕麻烦，多提问，启发孩子思考。孩子是独立的个体，我们不能代替他们思考。

（三）复习是制胜秘钥

· · ·

临近考试，所有孩子都在紧张地复习。课间，操场上看不到大家平日里玩闹的身影，唯独张超洋除外。张超洋还像往常一样，抱着篮球在球场上练习着，时而来个三分投球，时而快速带球上篮。张超洋该玩玩儿，该睡觉睡觉，仿佛考试跟他没什么关系似的。更神奇的是，考试成绩出来，张超洋又是第一。这让同学们实在是又嫉妒又羡慕。

张超洋是怎么做到的？难道张超洋有什么特异功能？

在一次主题班会上，班主任老师请张超洋为同学们分享他的学习经验。张超洋毫不吝啬地坦白了他的“秘诀”：每日复习。张超洋每天都会把学到的知识总结一下，这样日常学习中就没有遗漏的知识点，所有的知识点都深深地刻在他的脑子里，临到考试就不用紧张了。

· · ·

对，这就是复习的魔力。看似简单，实际却非常有效。有一些孩子觉得，复习就是把学过的内容看一遍，不像学新知识那样能激发好奇心，总在重复一些“无聊”的事情，所以对复习没什么兴趣，也很难坚持下来。

在这里，我们需要解释一下为什么要复习。因为，记忆是会遗忘的。遗忘是正常的现象，头脑再聪明的人，也不可能像扫描仪一样，把所有的知识扫描、记录、存档，完全不忘记。

下图是德国心理学家艾宾浩斯所研究绘制的遗忘曲线图。

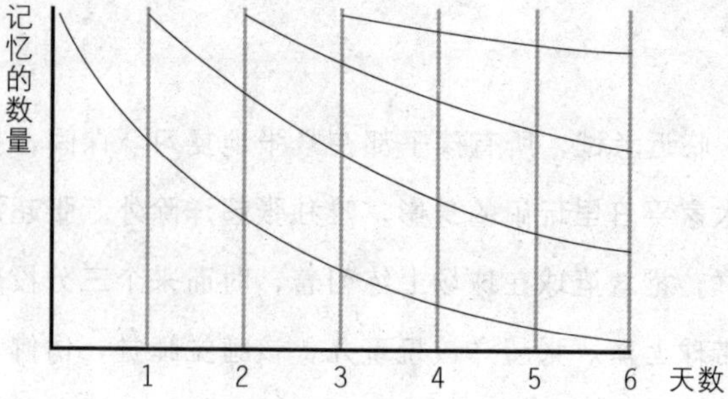

艾宾浩斯遗忘曲线

通过曲线图，我们可以看到遗忘的过程不是均衡的，而是“先快后慢”，即在记忆的最初遗忘的速度是最快的，以后逐渐变慢。遗忘几率最高时发生在刚开始记忆的两天内。如果在两天之内进行了重复记忆，那么这部分内容的遗忘速度会随着时间变缓。所以，当天学习、当天复习的孩子，和临到考试才开始集中复习的孩子间，差别是非常鲜明的。

了解了遗忘的规律，我们要提醒孩子，一定要在晚上把白天所学的内容再复习一遍，加强记忆。除了避免遗忘以外，在复习的过程中，孩子还可以加深对知识的理解和掌握，提高对知识的运用技巧，进而达到融会贯通。能做到举一反三，把学过的知识系统化地贯穿起来，才能真正将知识为己所用。

在复习的时候，不能走马观花地把书看一遍，而是要先在脑子里回忆一下老师所讲的内容。先回忆重点，梳理主干，然后再逐步地回忆细枝末节，仿佛在脑子里画出了一棵枝繁叶茂的大树。想想老师先是重点讲了哪个题，是如何引入、如何展开的，然后又举了什么相同的例子，最后总结了这个题运用到的什么原理或公式，有哪些注意事项。

如此回忆之后，再打开课本和笔记对照，看看自己遗漏了哪些内容，哪些知识点自己没有回忆到。在这个环节中，还可以再补充笔记中记录得不够翔实的地方。如果发现有些笔记看不懂，或者回忆的时候完全没有印象，那就是没有听懂遗漏的知识点，要特别记录下来，第二天要去学校请教老师或者同学。

全部回顾完了，要简单总结一下。把当天的知识和之前学习的知识串联起来，找到它们之间的内在联系，这样才能做到温故知新。

（四）预习分成四步走

作业完成了，一天的学习却不是就这么结束了，孩子还需要对第二天的功课做预习。事先浏览一下第二天要学习的内容，有个大概了解，做好知识上的准备，有助于理解老师的课堂讲解。

随着年级的增长，老师讲课的速度会越来越快，而预习能够让孩子有一个良好的心态——大概知道老师要讲什么内容了，就可以迅速地抓住重点听课，不用担心跟不上老师的节奏，也不用担心突然被老师提什么“刁钻古怪”的问题而自己答不上来了。

那么，预习中具体应该怎么做呢？我们建议分成四步来进行。大家可以对照看看。

第一步：先把所有的课文浏览一遍，包括注释和背景资料。

第二步：把课文中的生字词、数学公式、定律等关键点统统画出来。

第三步：对不认识的生字词，要查字典，搞懂它的意思。在其他学科中遇到的陌生概念，也可以提前利用工具书查一查，或者上网检索一下。

第四步：遇到难度较高的内容要画出来，还可记在笔记本上，或者用特殊符号标记一下，这部分将是第二天听课的重点内容。

总结一下，预习是把课本中自己能够解决的问题先解决了，自己解决不了的问题集中起来，到课堂上听老师如何解决。这样，孩子在听课的时候就能够做到全神贯注，有重点地听讲，学习效率也会大大增加了。

还需要注意的几点事项：

（1）预习不必太细

预习本身是为了第二天的听课做准备，没必要做得太过细致。细致虽然对掌握知识有效果，可与时间的付出不成比例。我们的目的是为了有效管理孩子的时间，做事情还是要区分轻重缓急。

（2）预习不能囫囵吞枣

有的孩子预习就是把课本简单地读一遍，遇到不会的内容，糊里糊涂就略过去了，这样的预习毫无效果，不做也罢。预习不能只是简单读课文，得带着脑子去预习，经过思考的预习才是有效的。能够把重点画出来，才能够提高第二天的听课效率。

（3）时间紧来不及预习怎么办?

随着学科增多，作业的负担越来越重，有时候孩子复习完当天的内容，做完作业，时间已经很晚了。来不及预习的情况下，不要强迫孩子去做，而要保证孩子的休息和睡眠。可以叮嘱孩子，利用第二天上课前课间 10 分钟的时间，预留几分钟，简单把第二节课的内容浏览一下，作为预习。

孩子做事一般都有惰性，做预习也是，总想从最简单的内容着手。但学习一定要挑重点，迎难而上，找到孩子比较薄弱的学科，利用有限的时间完成最有效的预习。

预习要有长性，不能半途而废。一次两次没时间预习，孩子就觉得预习不重要，每天都想把这个环节省略了。因此，作为家长要起到监督作用，提醒孩子养成预习的好习惯，这样到了高中课业繁忙的时候，也能够在学习中迅速抓住重点，最高效地利用时间。

（五）周末做阶段小总结

周五晚上，张煦放学回到家，往沙发上一瘫，感慨道："一周终于结束了，可以好好放松一下啦。"张煦打开电视，电视机里正在播放他喜欢的动画片，他便津津有味地看了起来。突然，电话铃声响了起来，同学邀请张煦一起打游戏。张煦关了电视又打开手机玩游戏……就这样，不知不觉，天都黑了。

第二天，张煦被闹钟吵醒，他往窗外看了看，天还早着呢。于是，张煦闷头又睡了起来。中间，妈妈几次来喊他起床，张煦都懒得起。一觉几乎睡到了中午，他才起床收拾了一下，吃午饭。

该写作业了，又有人来敲门。张煦开门一看，是邻居豆豆来约他踢球。这学期豆豆妈妈给豆豆安排了好多培训班，都好久没有见过豆豆了，好想他呀。张煦扔下作业，就跟豆豆出了门。就这样又玩到了天黑。

星期天，爸爸妈妈早就计划好了带张煦回爷爷奶奶家，张煦自然也没有机会写作业。晚上回到家，张煦遭当头棒喝一般，突然大喊一声："糟糕了，我作业一点儿都没做呢。"于是，他只好快马加鞭地赶作业，一边写作业，还一边抱怨："真是的，周末的时间怎么过得这么快！"

· · ·

各位家长，你的孩子是否也像张煦一样，把周末过得浑浑噩噩、糊里糊涂，任凭时间溜走呢？张煦一开始就没有做好过周末的计划，到最后急得抓耳挠腮，实在是不可取。周末虽然是休息日，但也不能彻底忘了学习。学习是一个循序渐进的过程，三天打鱼两天晒网，很难积累到知识。那么，应该怎么合理安排好周末时间呢？

1. 对一周的学习做回顾

一周学习结束，各个学科所学的知识加起来有很多，杂乱无章地存储在大脑里，不系统，也没有条理。所以，家长可以提醒孩子养成周末对各科知识归纳整理，做总结的好习惯。经常盘点自己的"知识财富"，才能变成真正的"富翁"。

周末复习时，可以重新读一遍课文，对照自己日常记录的笔记，看看哪些是已经掌握的知识，哪些还不够熟悉。

把一周作业中的错题挑出来再看一看，确保"不要被同一块石头绊倒"。最好把错题整理到一个"错题本"上去。试着找同类型的题目，多练习几遍。

画一画思维导图，把一周的知识汇总一下。这样不仅能够方便记忆，而且还会缩短学习时间。把抽象的知识概念具体形象化，能够帮助提升记忆力，是非常有益的尝试。

最后，对自己一周的学习状态做个评价。看看哪些地方做的还不足：哪天上课状态不好啦，听课不够认真啦，都是什么原因造成的；哪一门学科更薄弱一些，还需要加强，也可以做个补习的计划。

2. 发展一两项兴趣爱好

除了学习成绩好，孩子整体素质的提高也很重要。在孩子漫长的学习生涯中，家长可以把视线抬高一点，让孩子利用有限的课余时间去发掘自己的兴趣爱好，发展成为他们的特长，那些特长将来说不定就能成为孩子未来职业的方向。

在选择兴趣爱好的时候，要忌多、忌杂。家长可以让孩子逐步尝试，多试听一些有趣的特长课，比如乐器、绘画、棋类，或者是其他运动项目。当孩子选好自己要学习的方向后，就要把学习的习惯固定下来，每周一次或者两次课程，把兴趣班也做到自己的日常计划里。在坚持学习和练习兴趣爱好的时候，也要和学习学校的功课一样，循序渐进，坚持不懈，最终才能取得好的效果。

3. 必要的阅读

文艺复兴时期英国的哲学家培根在他的书中说道："知识就是力量。"他还说："读史使人明智，读诗使人灵秀。数学使人周密，科学使人深刻，伦理学使人庄重，逻辑修辞之学使人善辩，凡有所学，皆成人格。"阅读对人的好处是显而易见的。

说到犹太人，我们首先想到的，可能就是他们智商高和有经商的头脑。犹太人的聪明是有目共睹的，虽然他们的人口总数只占全球的 2%，但是诺贝尔奖有 25% 的得奖人都是犹太人。犹太人为什么如此聪明？了解这个民族的人都知道，犹太人特别喜欢读书。联合国教科文组织的一项调查显示，全世界各国中，每年阅读书籍排名第一的就是以犹太人为主的以色列国，令人震惊的是这个国家平均每人一年读书数目是 64 本。

是的，书是大脑的营养品。热爱读书，便能从中获取知识、智慧。阅读本来是应该在平日里就养成的好习惯。但是，随着孩子年龄的增长，功课越来越多，平日里没有多少大段的时间来阅读。而其实，周末就是很好的机会，我们建议，家长们一定要引导孩子充分利用好周末的时光，去读书。

在读书过程中，怎么做会更有效呢？

首先，孩子的阅读兴趣是最重要的。对于一个还没有养成阅读习惯的孩子来说，贸然给他一本厚重的书，他肯定没看几页就望而生畏了。在最初的阅读活动中，可以给孩子选择一些绘本、图文并茂的书籍，或者是一些简单、有意思的小文章，等孩子培养了一定的阅读兴趣之后，再读长一些的文章。

阅读，不单单是用眼睛去看，还要用脑子思考——在读一篇文章的时候，想一想它属于什么题材，作者是围绕什么展开讲述的，通篇读下来，作者的观点是什么。如果能够引导孩子用简短的几句话来总结概括这本书的主要内容，那就更好了。

阅读完一本书，或者一篇文章后，不妨动手写一写，做做读书笔记。可以摘抄文章中的好句子、作者的核心观点，也可以写一写自己对这篇文章的评价或感受。家长也可以提问孩子几个问题：

这本书（这篇文章）好在哪里？

你最喜欢哪一段，它给你留下了什么印象？

作者想要表达的观点是什么?

作者描写的人物有什么特别?

这本书与你的生活有什么联系?

它对你有何启发?

阅读的过程同时也是思考的过程。阅读可以帮助孩子提高思考能力、总结能力、联想能力。阅读有这么多的好处，家长们不妨和孩子一起读书吧。

4. 让孩子做做家务

有多少孩子是自己收拾书包的?如果你的孩子不是，那从今天开始，就让他自己动手吧。作为家长，也许会担心孩子丢三落四，越收拾越乱。不用怕，好习惯都是慢慢培养的。孩子早晚要离开父母，从日常小事情培养，将来孩子遇到大事儿才能做到心中有数，不慌张。

除了教孩子自己照顾自己，还得让他们承担一定的家务。孩子是家庭的一分子，虽然他们年龄还小，但却非常有必要让他们意识到，自己对家庭也是有责任的。

让孩子做家务，还可以促进亲子关系。父母不能总是盯着孩子的学习看，让孩子帮忙做一些力所能及的家务，学着自己的事情自己做，也是锻炼他们独立的一种方式、验证他们能力的契机。在这个过程中，不仅可以锻炼孩子，还可以减轻家长的负担，让孩子从小懂得感恩，懂得责任。做家务还可以促进跟父母的关系，孩子只有学会感同身受，认识到做家务的辛苦，才能做到共情和体谅父母。

同时，在一起做家务的时候，父母可以有意识地跟孩子聊聊天，了解一下他们在学校的情况，在轻松的气氛中，掌握孩子的心理动向。可以聊聊孩子开心的事、烦恼的事，也可以聊聊孩子的同学、老师们。试想一下，当你跟孩子聊学习的时候，他们的状态总是比较紧张而有压力的。但是，做家务时就不一样了——孩子整个状态比较放松，就更容易打开心扉，说出自己的心事。

5. 作息要有规律

周末虽然是休息时间，但像前面案例里的张煦那样，睡懒觉睡到中午，也是不对的。从周一到周五，因为受到学校日常安排的约束，孩子们的作息都很有规律，闹钟一响就起床，否则就会迟到，耽误上课。可周末就不一样了，父母因为疼爱孩子，让孩子无节制地睡懒觉，这样只会打破孩子已经形成的生物钟，造成周一起床也困难的情形。有的孩子一到周一上午就表现得无精打采、浑浑噩噩，这和他们周末的生活习惯有很大关系。总是被打破生物钟，又需要花时间重新适应学校，调整学习规律，会弄得孩子疲惫、效率低下。

另外，孩子的饮食也要适度。家里的零食平时没有时间享用，到了周末，有的孩子就把零食当成正餐；有的孩子出门聚餐，看到自己喜欢的菜就暴饮暴食，结果呢？吃到了美味，也吃坏了肚子。一旦生病，就会直接影响到后面到校的学习时间。

所以，凡事都要适度。周末可以把闹钟调晚半小时，让孩子多睡一会儿。也可以给孩子做点儿他喜欢吃的东西，或者全家出门聚会、游玩。但都要控制好度，不可轻易改变孩子正常的生活规律。

过有意义的寒暑假

· · ·

暑假即将来临，小舟的计划可真不少。他想学网球，在网球场上挥舞拍子击球的样子太帅了；他还想练字，因为自己的字写得不好看，如果经过一个暑假的练习，肯定会突飞猛进的；小舟还跟同学约好了去动物园，听说市里的动物园新来了两只大熊猫，非常好玩……

小舟的暑期计划听起来真不错，都是非常有意义的事儿。然而，两个月很快过去，暑假马上要结束了，小舟除了把学校老师布置的暑假作业做完，其他的事儿，一件都没做。他用来做计划的本子都还是新的呢。

这到底是怎么回事呢？原来啊，小舟对任何事情都停留在了想象上，没有付诸行动。

· · ·

跟小舟相似的孩子真不少。在寒暑假来临的时候，他们的想法非常多，但是随着时间流逝，那些想法在头脑中逐渐消失，整日里只顾吃喝玩乐、玩手机游戏、昏睡过日子，临近开学才发现自己该做的事情还没有去做，想做的事情却已经没有时间去做了，整个假期一无所获。

寒暑假是专属于孩子们最长的休息日了。但寒暑假恰恰也是孩子们差异化发展个性的时期，不同的选择和不同的时间规划之下，孩子在从寒暑假这段日子里收获的也会有千差万别。

尤其是放了个暑假，过了两个月回来，升入新的年级，你总会发现，班里面的孩子们有的变得更成熟了，本领增加了，而有的还是难以进入学习状态，需要重新调整一段时间。

我们希望每个孩子都能充分利用寒暑假的时间，做好时间规划，做有意义的事儿。每个人都能取得长足的进步。那么，寒暑假如何规划会更好呢？

（一）有计划完成寒暑假作业

寒暑假的作业是为了让学生回顾、总结知识，保持一定的学习状态的。否则，大家因为过度玩耍，而把学的知识统统都忘掉了，那之前的学习就成为无用功了。

在完成作业方面，我们常见两种现象，一种是孩子集中一定的时间，把作业全部都提前做完了，然后彻底放松去玩；另一种是孩子临到收假，突击完成作业。而这两种方式各有其弊病。选择第一种方式的孩子，在完成了作业后，基本上就不碰课本了，等到开学的时候，一时不能适应学校紧张的生活，需要较长过渡的时间。第二种，寒暑假作业对孩子来说简直就是在应付差事，为了赶时间，字迹潦草，质量也难以保证。为了避免出现这两种现象，我们应该引导孩子合理安排好寒暑假的作业时间，做好时间计划。

1. 每天完成定量作业

根据学校布置的作业量，以及放假的时间长短，估算自己每天应该完成作业的量，然后把这个量固定下来。例如：每周完成一篇作文；每日练习写语文生字词一页、英文生词一页、计算题一页，背诵古诗一首等等。

2. 把每天做作业的时间固定下来

如果每天做作业的量都是均衡、稳定的，那么做作业的时长基本上是可以估算出来的。比如每天花两个小时或者两个半小时做作业。家长可以要求孩子优先把这个做作业的时间在计划表上固定下来，然后再安排其他的事项，这样就能保障假期里有规律的学习习惯了。

3. 一定要保证作业质量

寒暑假没有老师帮忙检查作业，父母也未必能够看懂孩子的作业题目，这种时刻，需要培养孩子的自觉和自律。完成作业的过程要独立、认真，要保证作业质量。

4. 作业遇到问题怎么办?

对于那些有难度的作业题目，首先要标记下来。寒暑假没有老师在身边帮助解决，这个时候就需要靠家长了。孩子可以请教父母，也可以求助于网络。善于利用科学技术和设备，选取资源来解决我们自身的困境，是从小要培养孩子的一项能力。

解决完问题之后，孩子要习惯整理错题本，把问题集中起来。时常回顾这些难题，能够帮助孩子克服障碍，进步提高。

（二）通过各种方式了解社会

· · ·

倩倩一直被妈妈照顾得很好。从小到大，倩倩几乎没有了解过家和学校以外的世界是什么样子的。有一天，妈妈加班，打电话让倩倩自己到小区门口的饭店吃晚饭。妈妈给倩倩留了点儿零钱，放在了茶几上。

倩倩挂了电话，一脸茫然。以前出去吃饭，都是妈妈用手机扫码支付的，倩倩还是第一次用纸币付钱呢。倩倩感到有点儿小兴奋，仔细地观察了手里的钱，数了数，然后奔着楼下的小饭店去了。

倩倩拿起菜单，研究了半天，挑选了一样自己最喜欢吃的菜，然后让服务员小姐姐帮忙点菜。等菜的时候，无聊的倩倩东张西望，观察饭店里的人。这个时候，从饭店不起眼的角落里走过来一个女人，穿着很朴素，相貌也没什么特点。

那个女人一脸悲伤，她对倩倩说，她迷路了，跟自己的孩子走散了，她想要去附近的派出所报案，可是她不认识路，想让倩倩给自己带个路。倩倩被那个女人的故事所触动，想到如果自己和妈妈走丢了，也会很害怕很着急。倩倩安慰了那个女人，可是倩倩说她也不认识派出所在哪儿。

那个女人更加悲伤了，她说她是外地人，对这里一点儿都不熟，倩倩至少是本地人，如果能带着她出去问一问就好了。倩倩肚子饿得咕咕叫，可她是个心底善良的孩子，倩倩决定帮她问问路。

就在这时，上菜的服务员小姐姐来了。服务员放下菜，立刻赶走了那个女人。倩倩很诧异，看那个可怜的女人离开了饭店，准备追出去。服务员小姐姐一把拉住倩倩告诉她，刚才很危险。这个女人说不定是个骗子，甚至可能是个人贩子。

倩倩呆住了，一脸疑惑。

服务员小姐姐给倩倩解释："如果那个女人说的是实情，那么，饭店里不只你一个人，她不是应该找个大人来帮忙才更合理吗？她谁都不找，却专门去向一个小孩儿求助，肯定有古怪。”

倩倩被吓出了一身冷汗，感到后怕。虽然妈妈平日里也给自己做过不少安全教育，可她完全没想到这种事儿竟然发生在自己身上。

· · ·

这个案例并非虚构，看到这里，家长们是否也跟着担忧了一回？另外可以反思一下，自己孩子是不是也像倩倩一样纯净无瑕，却太缺乏社会经验，也容易上当受骗呢？我们的孩子如果对社会毫无了解，还是很让人担忧的。

孩子经过十几年寒窗苦读，一朝成为“象牙塔”中人，仿佛顺利考上理想中的大学便是大多数家长心目中的终极目标了。事实并非如此，人生很漫长，社会也很复杂。考进大学，只能说是踏入成人社会的准备。家长在孩子小的时候悉心教育，把孩子的时间安排得满满当当的，从学校到培训班，进出各种机构，却唯独缺乏对孩子认识社会的教育。只有了解社会，我们的孩子才不会变成一个只知道读书的“书呆子”，孩子将来也才能更好地适应环境。

平日里，孩子功课忙，没时间了解社会，寒暑假有很多空闲时间，我们可以好好利用起来。

1. 通过电视、网络了解社会

如果平日里电视看得比较少，到了寒暑假，父母可以陪着孩子一起看电视。看电视也是认识社会和世界的好途径。如可以培养孩子看新闻的好习惯，使他们了解国际、国内发生的重大事件。父母可以和孩子一起讨论，鼓励孩子表达自己对新闻事件的看法。哪怕观点有分歧也不怕，这正是培养孩子开拓思维的好机会，还可以锻炼孩子的表达能力。

2. 与不同年龄的人交流来了解社会

不同年龄层的人对社会的认识不同。在学校里，孩子们接触的都是同龄人和老师，同学们对社会的想法、见识、见解是相似的，而老师传递给孩子有关于社会的认知也是有限的。寒暑假，孩子们有更多的机会走亲访友，或者参加一些社会活动，能接触到不同年龄段的人群。听听其他人对社会的理解和见识，或许能够给孩子们提供另外一种理解社会的方式。

与不同年龄的人交谈的过程中，孩子们的人际交往能力，语言表达能力等各方面都可以得到提高。

3. 与不同职业的人聊一聊

寒暑假，孩子的时间相对自由。父母可以带着孩子跟不同职业领域的人们接触并聊一聊：父母工作单位的叔叔阿姨、新进入职场的表哥表姐、已经退休的爷爷，哪怕是熟悉的菜市场里的小贩，都是不错的选择，听听他们对各自职业的看法。通过他们的讲述，能给孩子带来对职业的不同认识。

“外行听热闹，内行听门道”，对职业的理解，对社会的理解，先让孩子先从“热闹”听起来。

4. 进行社会实践活动

其实，每年的寒暑假作业里都会包含社会实践这一项。但真正深入社会，去了解社会的同学并不多。有的孩子一个寒暑假都“宅”在家里，打游戏、玩电脑，整日里沉溺在网上，离真实的生活越来越远。

其实，同学们能够参与的社会实践活动非常多，例如：

可以当个小小志愿者，帮助社区工作人员发放宣传单；

义务给流浪猫狗撒驱虫药；

参观附近的博物馆，报名当个小小义务解说员；

申请去市里的图书馆学习并帮助馆员整理书籍、资料；

…………

这些工作都是孩子们力所能及的。父母不妨关注一下社会信息，每到寒暑假，一些公共设施机构都会招募志愿者，不妨让孩子参与一下，既是锻炼也是孩子认识社会的机会。

（三）制订旅行计划

我们小的时候都学过《徐霞客游记》。徐霞客“欲尽绘天下名山胜水为通志”，是把旅行当做毕生志向之人。有多少孩子的理想是像徐霞客一样走遍千山万水？寒暑假正是父母带着孩子旅行的好时机，带孩子出门走一走，尽情地玩耍，轻松惬意。

对于孩子来说，寒暑假旅行可以丰富孩子的情感体验，在旅行中有惊喜，有期待，有遗憾，有欢乐！旅行中会碰到很多人和事，会给孩子留下独特体验，还有可能交到不同的朋友。旅行能锻炼孩子的品质，如独立性、守时、规划能力、互帮互助……旅行还能丰富孩子的知识和阅历，通过旅行生活体验，可以学到很多课本上没有的知识。

在旅行中，父母应该有意识地锻炼孩子，别把什么都准备好了，孩子只沦为一个“小跟班”，那旅行的意义就缩水了。父母要从制订计划开始，就让孩子参与进来。

1. 尝试让孩子制订旅行路线

父母可以先征求孩子关于旅游目的地的意见。一旦确定下来旅行的目的地，让孩子提前上网做功课，大致了解一下景点的特色、周边的食宿情况等，然后再制订旅行计划。各个景点之间的地理路线应该怎么安排，怎么规划时间，都可以先让孩子出一个方案，然后父母和孩子一起讨论，最终优化出一个合理的旅行方案。

2. 学会从网络上订交通工具和旅馆

现在的网络越来越发达，每时每刻都有新的平台出现。家长可以借旅行的机会，教孩子“货比三家”，选择更加优惠、便捷、安全，服务评价更高的平台应用于自己的旅途。这个过程中，孩子可以跟着父母学习如何搜索、甄别信息，以及如何跟平台的服务方沟通，做好出行前的准备工作。

3. 尽可能多的了解目的地

首先要关注天气，了解出行目的地的气候条件、温度情况等，例如：到达高海拔地区和东南沿海地区需要准备的东西是不同的。是做好防晒准备，还是要做好保暖措施？让孩子通过查阅资料，了解一下当地的行政区划和地貌图，以及风土人情、生活习俗、语言文化等。

4. 收拾行李，带好必备物品

鼓励孩子动手收拾行李，看看他自己的规划是否合理。洗漱用品、衣物，以及必备的一些药物，例如：晕车药、防蚊虫药物、常见的治疗拉肚子的药品。这个过程既可以锻炼孩子的规划能力，还能锻炼他的动手能力——把所有东西合理地放进行李箱里。

父母可以给孩子准备一个属于他个人的小行李箱。个人物品个人负责，从小就培养孩子的独立意识。

（四）学会使用压岁钱

过年期间，孩子们都会收到来自长辈的压岁钱。如何使用好这笔压岁钱，对孩子是考验，也是培养其金钱观和理财能力的好机会。其意义不仅在于如何花钱更有意义，还包含了对一些实际能力的培养。例如，如何选购必备的生活用品，如何理财，如何利用压岁钱为未来做规划。

年龄小一点儿的孩子要和父母一起规划压岁钱的使用。虽然有些孩子倡导“我的压岁钱我做主”，但要知道压岁钱的意义是什么，即长辈对于晚辈的照拂和鼓励。父母挣钱来之不易，压岁钱可不是孩子凭空自己挣的，父母也给别的亲戚家的小孩发了压岁钱。如果孩子毫不珍惜，肆意挥霍，那就容易形成错误的金钱观，滋生攀比的虚荣心。

那么，应该怎么合理地使用压岁钱呢？

1. 准备一个记账簿

给孩子准备一个记账簿，记录每笔钱的来源和支出。隔一段时间总结一次，看看孩子都把钱花到哪儿了，哪些花费是合理的，哪些是不必要的，下次就要减少这方面的支出。

2. 理智消费

多少钱用于购买学习用品，多少钱用于娱乐支出，多少钱可以储蓄……提前让孩子做个计划，这样我们就可以事先和孩子分析判断一下，从而学会合理消费。

孩子的压岁钱可以让他们这样花：买书，如科技图书、杂志、世界名著、名人传记等；买文具，一些必需的学习用具方面的支出，完全可以让孩子自己购买。家长不必事事都为孩子准备，从购买小物品开始，让孩子体验自己消费的感觉，将来他们才能掌控更多的财富。

3. 发展兴趣爱好

多数家庭在寒暑假都会给孩子报兴趣班，用来发展孩子的兴趣爱好。这部分的费用也可以用孩子的压岁钱来支出。让孩子知道，学习也是需要付出成本的，这样孩子能更加理性地选择自己的特长爱好。有了付出感，孩子们才能更加珍惜学习的机会。

4. 学习理财知识

面对数额比较大的压岁钱时，家长还可以给孩子开一个银行账户存起来，顺便教给孩子一些理财知识，比如告诉他放进银行里，银行会支付利息。储蓄、基金、股票，对于孩子来说，这些都是陌生词汇，但却是成人社会里财富领域必不可少的知识。家长可以有意识地引导孩子了解一些这方面的知识，帮助孩子树立理财的观念，为他们日后的生活做铺垫。

（五）做点平时没机会做的事

在孩子小的时候，我们会观察到，他一天到晚都充满了精力，到处跑来跑去地玩耍，对什么都很好奇。可是，随着孩子年龄增加，会越来越多地听到孩子把“没意思”“没劲”挂在嘴上，该看书也看书，该写作业也写作业，却对什么事儿都提不起兴趣来。心理学家很早就关注到这样的现象，有人甚至提出了“空心病”的说法。

“空心病”，这不是近年来出现的一个新词汇，却是近年来在青少年身上表现尤为突出的心理问题。能和这三个字联系起来的学生，大都有些共同特点：他们往往是成绩非常优秀的孩子，或者说是大人们眼中典型的“好孩子”。但他们感觉内心空虚、生活无意义；不知道自己所做的一切事情有什么真实性、重要性或价值；缺乏真正和深刻的满足感，不能体验别人为什么活得那么起劲儿和心满意足。

如何让孩子远离“空心病”？父母要努力营造一种状态，即让孩子自由发展自己的兴趣爱好，鼓励他们积极探索自我。在这种状态中，孩子会自己探寻“我是谁”“我想要什么”的答案，一旦找到这两个问题的答案，他们就不会在未来的人生道路上迷失自己。

当然，这是一种理想状态。很少有父母能抵抗住考试的压力，让孩子自由探索，但至少可以从保护自己的孩子做起。比如，不把考试成绩作为衡量和评价孩子的唯一标准；不要因孩子成绩不够好就贬低和否定他们；接纳孩子的一切，努力帮助他们感受真善美。

寒暑假能为孩子提供相对较长的时间去体验生活。父母不能把孩子的时间都填满，要鼓励孩子做点平常没机会做的事，哪怕是一些微不足道的小事。比如：花一上午时间看蚂蚁搬家、和朋友们远足、去郊外呼吸新鲜空气……只要孩子主动提出来，并表现出强烈的兴趣，家长就尽可能给予满足。给孩子留够发现自我的空间和时间，相信他们一定能够创造出属于自己的美好生活。

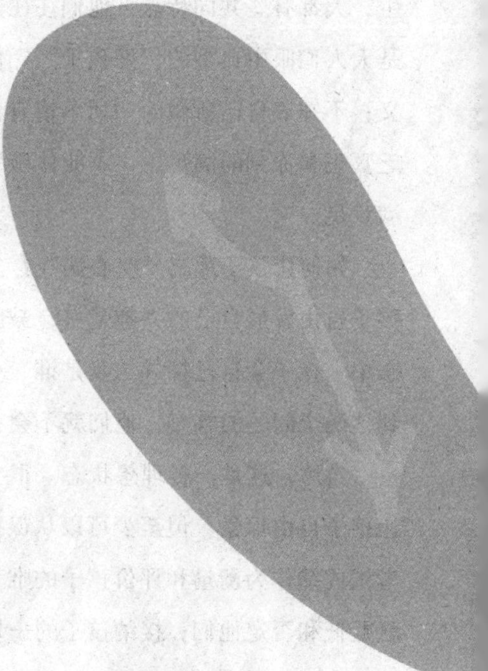

后　记

学会用时间之尺丈量生命

你是否听说过“剪时间之尺”的故事？

讲故事的人把人的生命长度设置为80年，对应一卷80厘米长的软尺——以1厘米来对应1年，试图衡量在这样的时间长度里，一个人绚烂光华的生命有多长。

他说假设从降生至20岁，这个人在家庭和学校的呵护之下成长，为进入社会做准备。如同雏鸟羽毛尚未齐备，还不能够自由地翱翔，那么，姑且剪掉这20厘米，还有60年的时间长度。

从60岁至80岁，人的身体素质和精神能量在渐渐消耗，想要做的事还有很多，却渐渐精力不逮、力不从心。这对大部分人来说不能够算是黄金的时间，那么我们略带惋惜地剪掉对应的20厘米，人生的时间长度还剩40年。

在这40年当中，假设再去掉每天睡眠的8小时、起床后准备的1小时、三餐及闲聊胡扯的2.5小时、阻滞于通勤路上的1.5小时、用于社交的1小时、看电视或刷手机的3小时、玩耍嬉戏的3小时，还有因走神或闹情绪而放空的1小时、一年中的7天休假……林林总总的琐碎时间在时间之尺上一点点连接起来，你会发现，它们占据的长度可达36.6厘米。把它们也剪掉之后，你手中握着的只有3.4厘米，也就是不到4年的时间。

讲这个故事的人是一位热衷于工作的保险业精英，也许你会说，他的观念代表一类“工作狂”。你甚至可能会问：在他的眼中，人一生的“黄金时间”只是用于工作的吗？

其实结合我们的这本书来看这个故事，换一个角度来思考，你会发现，在时间之尺上被剪掉的那些不属于“黄金时间”的部分，其实具有属于它们的宝贵价值：

在成长阶段，孩子在家庭和学校的保护下渐渐养成学习、生活的习惯和模式，形成做事的风格，塑成为人的价值观和品格；而早期塑造起来的一切会决定人能在多大程度上自主地把握自我、能够以多大的完成度去做好自己发心想要去做的事情，换句话说，做事的效率越高、对时间的掌控能力越强，“琐碎时间”的利用率就越高，甚至可以转化进“黄金时间”里面去，把后者延长；不同的人以各自的方式度过截然不同的60年，也会沉淀出各种各样的晚年，也许有的人面对的是暗沉沉如冬夜般的迟暮，有的人却仍能如夕阳映照彩霞般绽放美丽的光华。

我们在前言中讲过，对孩子来说，时间的价值在于在单位时间内做多少事。这绝不意味着孩子要被困在时间的刻度里刻板地生活。生活的模式可以多样化，在人生不同的时间段里，一个人可以选择让大脑高转速地学习、工作、处理有难度的事务，也可以选择放空、玩耍，甚至在某些情境之下“虚度”时光，但无论是哪一种选择，我们都希望它对于提升孩子此刻和未来的人生质量是有益的、